简支变连续梁桥抗震设计手册

李作恒　梁　栋　赵文忠　戎　贤　编著

人民交通出版社股份有限公司
China Communications Press Co.,Ltd.

内 容 提 要

本手册主要参考了公路桥梁抗震细则(JTG/T B02-01—2008),对简支变连续梁桥进行了研究,分别从模型计算、强度与变形验算、延性构造设计、减隔震设计、抗震措施等方面给出了高墩和矮墩的简支变连续梁桥的抗震设计的相关要求。

本手册可供相关专业的工程技术人员参考使用。

图书在版编目(CIP)数据

简支变连续梁桥抗震设计手册 / 李作恒等编著. —北京:人民交通出版社股份有限公司, 2017.9

ISBN 978-7-114-14190-4

Ⅰ. ①简… Ⅱ. ①李… Ⅲ. ①连续梁桥—防震设计—手册 Ⅳ. ①U448.212.5-62

中国版本图书馆 CIP 数据核字(2017)第 235755 号

书　　名: 简支变连续梁桥抗震设计手册
著 作 者: 李作恒　梁　栋　赵文忠　戎　贤
责任编辑: 赵瑞琴
出版发行: 人民交通出版社股份有限公司
地　　址: (100011)北京市朝阳区安定门外外馆斜街 3 号
网　　址: http://www.ccpress.com.cn
销售电话: (010)59757973
总 经 销: 人民交通出版社股份有限公司发行部
经　　销: 各地新华书店
印　　刷: 北京鑫正大印刷有限公司
开　　本: 880×1230　1/32
印　　张: 2.5
字　　数: 56 千
版　　次: 2017 年 9 月　第 1 版
印　　次: 2017 年 9 月　第 1 次印刷
书　　号: ISBN 978-7-114-14190-4
定　　价: 18.00 元

前　言

我国对先简支后连续梁桥的研究并不晚于世界其他各国,但20世纪该桥型在国内公路桥梁建设中普及历程较为缓慢,发展相对滞后,无论是研究成果还是施工技术同世界领先水平相比都有一段差距。在交通运输工程事业蓬勃发展的今天,简支变连续梁桥所表现出来的良好的经济性、适用性、安全性使该桥型在桥梁工程领域得到推广使用,此种施工方法必将获得巨大的社会效益,使标准化桥梁设计前进一大步。但简支变连续梁桥的抗震设计目前依然面临困难,针对它的抗震设计理论很不成熟,没有统一的标准,缺乏相关的规范和足够的抗震设计依据。最近十年新建的简支变连续梁桥,几乎都没有经历过强震的检验,因而其震害资料严重匮乏,没有高烈度地震作用下的使用经验。为了研究分析简支变连续梁桥的地震反应特点,掌握其地震响应规律和合理的抗震设计方法,进一步完善先简支后连续梁桥抗震方面的理论,编写本手册供读者参考。

本手册参考《公路桥梁抗震细则》(JTG/T B02-01—2008),其中主要对简支变连续梁的抗震设计做出了规定。本手册主要内容有:总则、术语和符号、抗震分析、强度与变形验算、延性构造细节设计、桥梁减隔震设计、抗震措施、条文说明等。

主 编 单 位:河北工业大学

河北省高速公路邢汾筹建处

主要起草人:李作恒　梁　栋　赵文忠　戎　贤

目　　录

1 总则

1.0.1 本手册主要适用于单跨跨径不超过80m的混凝土简支变连续梁桥。

1.0.2 本手册根据公路桥梁的重要性和修复(抢修)的难易程度,将桥梁抗震设防分为A类、B类、C类和D类四个抗震设防类别,分别对应不同的抗震设防标准和设防目标。

1.0.3 抗震设防烈度为6度及6度以上地区的公路桥梁,必须进行抗震设计。

1.0.4 本手册适用于抗震设防烈度为6度、7度、8度和9度地区的公路桥梁抗震设计。抗震设防烈度大于9度地区的桥梁和有特殊要求的大跨径或特殊桥梁,其抗震设计应做专门研究,按有关专门规定执行。

1.0.5 抗震设防烈度必须按国家规定权限审批、颁发的文件(图件)确定。一般情况下,抗震设防烈度可采用现行《中国地震动参数区划图》(GB 18306)规定的地震基本烈度。对桥址已做过专门地震安全性评价的桥梁,应按批准的抗震设防烈度或设计地震动参数进行抗震设防。

1.0.6 公路桥梁的抗震设计,除应符合本手册的要求外,尚应符合国家、行业其他有关标准规范的规定。

1.0.7 有关桥梁抗震设计的基本要求、场地和地基、地震作用的相关规定具体参见《公路桥梁抗震设计细则》(JTG/T B02-

01—2008)中第3、4、5章内容。

2 术语和符号

2.1 术语

2.1.1 抗震设防烈度 seismic fortification intensity

按国家规定权限批准的作为一个地区抗震设防依据的地震烈度。

2.1.2 抗震设防标准 seismic fortification criterion

衡量抗震设防要求的尺度,由抗震设防烈度和公路桥梁使用功能的重要性确定。

2.1.3 地震作用 earthquake action

作用在结构上的地震动,包括水平地震作用和竖向地震作用。

2.1.4 E1 地震作用 earthquake action E1

工程场地重现期较短的地震作用,对应于第一级设防水准。

2.1.5 E2 地震作用 earthquake action E2

工程场地重现期较长的地震作用,对应于第二级设防水准。

2.1.6 地震效应 seismic effect

由地震作用引起的桥梁结构内力与变形等效应的总称。

2.1.7 设计基本地震动加速度 design basic acceleration of ground motion

重现期为475年的地震动加速度的设计取值。

2.1.8 特征周期 characteristic period

抗震设计用的加速度反应谱曲线下降段起始点对应的周期

值，取决于地震环境和场地类别。

2.1.9　抗震概念设计　seismic concept design

根据地震灾害和工程经验等归纳的基本设计原则和设计思想，进行桥梁结构总体布置、确定细部构造的过程。

2.1.10　弹性抗震设计　elastic seismic design

不允许桥梁结构发生塑性变形，用构件的强度作为衡量结构性能的指标，只需校核构件的强度是否满足要求。

2.1.11　延性抗震设计　ductility seismic design

允许桥梁结构发生塑性变形，不仅用构件的强度作为衡量结构性能的指标，同时要校核构件的延性能力是否满足要求。

2.1.12　延性构件　ductile member

延性抗震设计时，允许发生塑性变形的构件。

2.1.13　能力设计　capacity design

为确保延性抗震设计桥梁可能出现塑性铰的桥墩的非塑性铰区、基础和上部结构构件不发生塑性变形和剪切破坏，必须对上述部位、构件进行加强设计，以保证非塑性铰区的弹性能力高于塑性铰区。

2.1.14　能力保护构件　capacity protected member

采用能力保护设计原则设计的构件。

2.1.15　减隔震设计　seismic isolation design

在桥梁上部结构和下部结构或基础之间设置减隔震系统，以增大原结构体系阻尼和(或)周期，降低结构的地震反应和(或)减小输入到上部结构的能量，达到预期的防震要求。

2.1.16　抗震措施　seismic measure

地震作用计算和抗力计算以外的抗震设计内容，包括抗震构造措施。

2.1.17　抗震构造措施　details of seismic measures

根据抗震概念设计原则,一般不需计算,对结构和非结构各部分必须采取的各种细部要求。

2.1.18　常规简支变连续梁桥　ordinary simple and variable continuous beam bridge

本手册指单跨跨径不超过 80m 的混凝土简支变连续梁桥。

2.2　符号

2.2.1　作用和作用效应

A——水平向设计基本地震动加速度峰值;

E_{ihp}——作用于梁桥桥墩质点 i 的水平地震力;

E_{htp}——作用于支座顶面处的水平地震力;

E_{ihs}——上部结构对第 i 号墩板式橡胶支座顶面处产生的水平地震力;

E_{hp}——墩身所产生的水平地震力;

E_{hau}——作用于台身重心处的水平地震力;

E_{ea}——地震主动土压力;

E_{w}——地震时在水深 1/2 高度处,作用于桥墩的总动水压力;

E_{max}——固定盆式支座容许承受的最大水平力;

E_{hzb}——E2 地震作用效应和永久作用效应组合后板式橡胶支座或固定盆式支座的水平力设计值;

G_{sp}——上部结构的重力或一联上部结构的总重力;

G_{cp}——盖梁重力;

G_{p}——墩身重力;

G_{tp}——桥墩对板式橡胶支座顶面处的换算质点重力;

G_{au}——基础顶面以上台身重力;

k_{itp}——第 i 号墩组合抗推刚度;

k_{is}——第 i 号墩板式橡胶支座抗推刚度;

k_{ip}——第 i 号墩墩顶抗推刚度；

S_{max}——设计加速度反应谱最大值；

δ——E2 地震作用下，采用截面有效刚度计算的墩顶水平位移。

2.2.2 计算系数

C_i——抗震重要性系数；

C_d——阻尼调整系数；

C_e——液化抵抗系数；

K——地基抗震容许承载力调整系数；

η——墩身重力换算系数；

γ_2——桥墩基本振型参与系数。

2.2.3 几何特征

d_0——液化土特征深度；

d_b——基础埋置深度；

d_s——纵向钢筋的直径；

d_w——上覆非液化土层厚度；

H_i——一般冲刷线或基础顶面至墩身各段重心处的垂直距离；

I_{eff}——有效截面抗弯惯性矩；

L——梁的计算跨径；

S_k——箍筋的间距；

$\sum t$——板式橡胶支座橡胶层总厚度；

θ——斜交角；

φ——曲线梁的中心角。

2.2.4 材料指标

E_c——桥墩的弹性模量；

G_d——板式橡胶支座动剪切模量；

f_{a0}——地基承载力基本容许值；

$[f_{aE}]$——调整后的地基抗震承载力容许值；
$[f_a]$——深宽修正后的地基承载力容许值；
γ——土的重度；
γ_w——水的重度；
μ_d——支座动摩阻系数。

2.2.5 延性设计参数

f_{yh}——箍筋抗拉强度设计值；
f_{kh}——箍筋抗拉强度标准值；
f'_{cc}——约束混凝土的峰值应力；
K——延性安全系数；
L_p——等效塑性铰长度；
M_y——屈服弯矩；
Δ_u——桥墩容许位移；
θ_u——塑性铰区域的最大容许转角；
ϕ^0——桥墩正截面抗弯承载能力超强系数；
ϕ_y——截面的等效屈服曲率；
ϕ_u——极限破坏状态的曲率；
ρ_t——纵向配筋率；
ε_{su}^R——约束钢筋的折减极限应变；
ε_{lu}——纵筋的折减极限应变；
η_k——轴压比。

2.2.6 其他参数

g——重力加速度；
T——结构自振周期；
T_g——特征周期；
T_1——梁桥桥墩基本周期；
ω_1——基本圆频率；
ξ——结构阻尼比。

3 抗震分析

3.1 一般规定

3.1.1 一般规定请参见《公路桥梁抗震设计细则》(JTG/T B02-01—2008)中6.1节规定。其中根据在地震作用下动力响应特性的复杂程度,常规桥梁分为规则桥梁和非规则桥梁两类。表3.1.1限定范围内的简支变连续梁桥属于规则简支变连续梁桥,不在此表限定范围内的属于非规则简支变连续梁桥。

表3.1.1 规则简支变连续梁桥的定义

参数	参数值				
单跨最大跨径	≤80m				
墩高	≤30m				
单墩高度与直径或宽度比	大于2.5且小于10				
跨数	2	3	4	5	6
曲线桥梁圆心角 φ 及半径 R	单跨 $\varphi < 30°$ 且一联累计 $\varphi < 90°$,同时曲梁半径 $R \geq 20b$(b 为桥宽)				
跨与跨间最大跨长比	3	2	2	1.5	1.5
轴压比	<0.3				
跨与跨间桥墩最大刚度比	—	4	4	3	2
支座类型	普通板式橡胶支座、盆式支座(铰接约束)等。使用滑板支座、减隔震支座等属于非规则简支变连续梁桥				
下部结构类型	桥墩为单柱墩、双柱框架墩、多柱排架墩				
地基条件	不易液化、侧向滑移或易冲刷的场地,远离断层				

3.2 延性抗震设计

3.2.1 钢筋混凝土墩柱桥梁,抗震设计时,墩柱宜作为延性构件设计。桥梁基础、盖梁、梁体和结点宜作为能力保护构件。墩柱的抗剪强度宜按能力保护原则设计。

3.2.2 沿顺桥向，简支变连续梁桥墩柱的底部区域为塑性铰区域；沿横桥向，单柱墩的底部区域、双柱墩或多柱墩的端部区域为塑性铰区域。

3.2.3 盖梁、基础的设计弯矩和设计剪力值按能力保护原则计算时，应为与墩柱的极限弯矩（考虑超强系数）所对应的弯矩、剪力值；在计算盖梁、结点的设计弯矩、设计剪力值时，应考虑所有潜在塑性铰位置以确定最大设计弯矩和剪力。

3.2.4 墩柱的设计剪力值按能力保护原则计算时，应为与墩柱的极限弯矩（考虑超强系数）所对应的剪力；在计算设计剪力值时，应考虑所有潜在塑性铰位置以确定最大的设计剪力值。

3.3 建模原则

3.3.1 在 E1 和 E2 地震作用下，一般情况下应首先建立桥梁结构的空间动力计算模型。计算模型应反映实际桥梁结构的动力特性。

3.3.2 桥梁结构动力计算模型应能正确反映桥梁上部结构、下部结构、支座和地基的刚度、质量分布及阻尼特性，从而保证在 E1 和 E2 地震作用下引起的惯性力和主要振型能得到反映。一般情况下，桥梁结构的动力计算模型应满足下列要求：

（1）计算模型中的梁体和墩柱可采用空间杆系单元模拟，单元质量可采用集中质量代表；墩柱和梁体的单元划分应反映结构的实际动力特性。

（2）支座单元应反映支座的力学特性。

（3）混凝土结构的阻尼比可取为 0.05；进行时程分析时，可采用瑞利阻尼。

(4)计算模型应考虑相邻结构和边界条件的影响。

3.3.3　墩顶先简支后浇连续部位使用端截面一样的几何特性的多个梁单元模拟。

3.3.4　建模时,首先以恒载作用下的弯矩相等为原则,建立简支变连续梁桥的有限元模型,利用划分施工阶段得到梁在自重和桥面铺装等恒载作用下的弯矩图,然后根据静力等效原则,在建立简支变连续梁桥有限元模型的过程中,通过改变湿接缝单元的弹性模量,利用试算方法一次性建立简支变连续梁桥的有限元模型。

3.3.5　在E1地震作用下,宜采用总体空间模型计算桥梁的地震反应;在E2地震作用下,可采用局部空间模型计算。总体和局部空间模型应满足以下要求:

(1)总体空间模型宜包括所有桥梁结构及其连接方式,通过对总体空间模型的分析,确定结构的空间耦联地震反应特性和地震最不利输入方向。

(2)局部空间模型应根据总体模型的计算结果,取出部分桥梁结构进行计算,局部模型应考虑相邻结构和边界条件的影响。

3.3.6　规则简支变连续梁桥可按本手册第3.7节的要求选用简化计算模型。

3.3.7　进行直线桥梁地震反应分析时,可分别考虑沿顺桥向和横桥向两个水平方向地震输入;进行曲线桥梁地震反应分析时,可分别沿相邻两桥墩连线方向和垂直于连线水平方向进行多方向地震输入(用曲梁单元时,只需计算一联两端连线(割线)和垂直割线方向的地震输入),以确定最不利地震水平输入方向。

3.3.8　进行非线性时程分析时,墩柱可采用钢筋混凝土弹塑性空间梁柱单元。

3.3.9 抗震分析时应考虑支座的影响。板式橡胶支座可用线性弹簧单元模拟；活动盆式支座可用双线性理想弹塑性弹簧单元模拟，其恢复力模型见图3.3.9。板式橡胶支座的剪切刚度按式(3.3.9-1)计算；活动盆式支座的临界滑动摩擦力按式(3.3.9-2)计算。

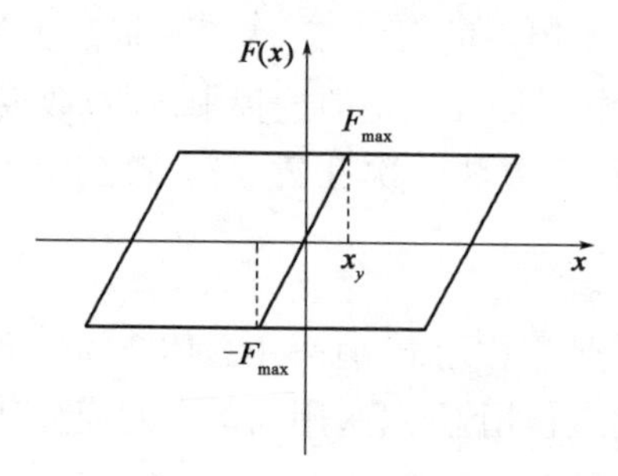

图3.3.9 活动盆式支座恢复力模型

(1)板式橡胶支座剪切刚度 k(kN/m)：

$$k = \frac{G_d A_r}{\sum t} \tag{3.3.9-1}$$

式中：G_d——板式橡胶支座的动剪切模量(kN/m²)，一般取1200kN/m²；

A_r——橡胶支座的剪切面积(m²)；

$\sum t$——橡胶层的总厚度(m)。

(2)活动盆式支座临界滑动摩擦力 F_{max}(kN)：

$$F_{max} = \mu_d R \tag{3.3.9-2}$$

初始刚度为：

$$k = \frac{F_{max}}{x_y} \tag{3.3.9-3}$$

式中：μ_d——滑动摩擦系数，一般取0.02；

R——支座所承担的上部结构重力(kN)；

x_y——活动盆式支座屈服位移(m),一般取 0.002 ~ 0.005m。

3.3.10 建立桥梁抗震分析模型应考虑桩土的共同作用,桩土的共同作用可用等代土弹簧模拟,等代土弹簧的刚度可采用表征土介质弹性值的 m 参数来计算。

3.3.11 墩柱的计算长度与矩形截面短边尺寸之比大于 8 时,或墩柱的计算长度与圆形截面直径之比大于 6 时,应考虑 p-Δ 效应。

3.4 自振频率分析

3.4.1 由负弯矩预应力筋形成的主梁纵向连接强度为 κ。主梁纵向连接强度 κ 是一个介于 0 与 1 之间的数值。用恒载作用下的中支点负弯矩与相同荷载作用下连续梁的中支点负弯矩之比值的大小来表征主梁纵向连接强度 κ。

3.4.2 简支变连续梁桥的振型与频率通过将相应的模型参数输入到软件中,可得到相应的模态分析。

3.5 反应谱法

3.5.1 反应谱法包括单振型反应谱法和多振型反应谱法。单振型反应谱法和多振型反应谱法的选用可参见《公路桥梁抗震设计细则》(JTG/T B02-01—2008)中表 6.1.4。规则简支变连续梁桥的抗震计算可采用本手册第 3.7 节给出的计算方法。

3.5.2 采用反应谱法计算时,反应谱应按《公路桥梁抗震设计细则》(JTG/T B02-01—2008)中第 5.2.1 条规定确定。

3.5.3 用多振型反应谱法计算时,所考虑的振型阶数应在计算方向获得 90% 以上的有效质量。地震作用效应应按下列规定计算：

(1)单一方向的地震作用效应(内力、位移)，一般可采用SRSS方法，按式(3.5.3-1)确定：

$$F = \sqrt{\sum S_i^2} \tag{3.5.3-1}$$

式中：F——结构的地震作用效应；

S_i——结构第 i 阶振型地震作用效应。

(2)当结构相邻两阶振型的自振周期 T_i 和 T_j ($T_j \leqslant T_i$) 接近时，即 T_i 和 T_j 之比 ρ_T 满足式(3.5.3-2)时，应采用CQC方法按式(3.5.3-3)计算地震作用效应。

$$\rho_T = \frac{T_j}{T_i} \geqslant \frac{0.1}{0.1 + \xi} \tag{3.5.3-2}$$

式中：ξ——阻尼比；

ρ_T——周期比。

$$F = \sqrt{\sum \sum S_i \, r_{ij} S_j} \tag{3.5.3-3}$$

式中：r_{ij}——相关系数，按式(3.5.3-4)确定；

$$r_{ij} = \frac{8\xi^2(1 + \rho_T)\rho_T^{3/2}}{(1 + \rho_T^2)^2 + 4\xi^2 \rho_T (1 + \rho_T)^2} \tag{3.5.3-4}$$

式中符号意义同式(3.5.3-2)。

3.6 时程分析方法

3.6.1 地震加速度时程应按《公路桥梁抗震设计细则》(JTG/T B02-01—2008)中第5.3节的规定选取。

3.6.2 时程分析的最终结果，当采用3组时程波计算时，应取3组计算结果的最大值；当采用7组时程波计算时，可取7组计算结果的平均值。

3.6.3 在E1地震作用下，线性时程法的计算结果不应小于反应谱法计算结果的80%。

3.7 规则简支变连续梁桥计算

3.7.1 规则简支变连续梁桥水平地震力的计算，采用反应谱方法计算时，分析模型中应考虑上部结构、支座、桥墩及基础等刚度的影响。

3.7.2 在地震作用下，规则简支变连续梁桥重力式桥墩顺桥向和横桥向的水平地震力，采用反应谱方法计算时，可按下列公式计算。其结构计算简图如图 3.7.2-1 所示。

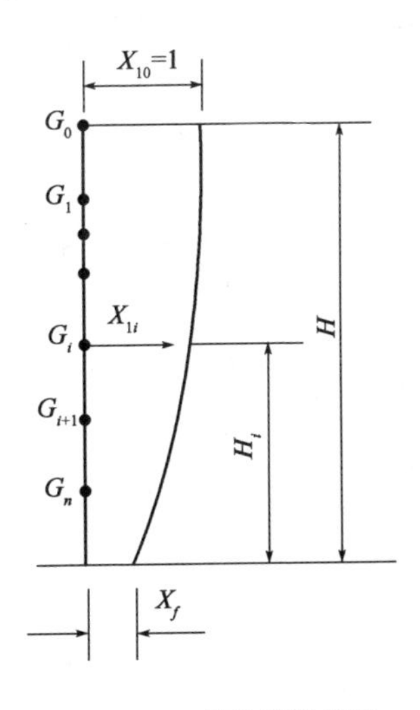

图 3.7.2-1　结构计算简图

$$E_{ihp} = S_{h1}\,\gamma_1\,X_{1i}\,G_i/g \tag{3.7.2-1}$$

式中：E_{ihp}——作用于桥墩质点 i 的水平地震力（kN）；

S_{h1}——相应水平方向的加速度反应谱值，根据桥梁结构基本周期按《公路桥梁抗震设计细则》（JTG/T B02-01—2008）中第 5.2.1 条和第 5.2.2 条确定；

γ_1——桥墩顺桥向或横桥向的基本振型参与系数；

$$\gamma_1 = \frac{\sum_{i=0}^{n} X_{1i} G_i}{\sum_{i=0}^{n} X_{1i}^2 G_i} \tag{3.7.2-2}$$

X_{1i}——桥墩基本振型在第 i 分段重心处的相对水平位移，对于实体桥墩，当 $H/B>5$ 时，$X_{1i}=X_f+\frac{1-X_f}{H}H_i$（一般适用于顺桥向）；当 $H/B<5$ 时，$X_{1i}=X_f+\left(\frac{H_i}{H}\right)^{\frac{1}{3}}(1-X_f)$（一般适用于横桥向）；

X_f——考虑地基变形时，顺桥向作用于支座顶面或横桥向作用于上部结构质量重心上的单位水平力在一般冲刷线或基础顶面引起的水平位移与支座顶面或上部结构质量重心处的水平位移之比；

H_i——一般冲刷线或基础顶面至墩身各分段重心处的垂直距离（m）；

H——桥墩计算高度，即一般冲刷线或基础顶面至支座顶面或上部结构质量重心的垂直距离（m）；

B——顺桥向或横桥向的墩身最大宽度（m）（图 3.7.2-2）；

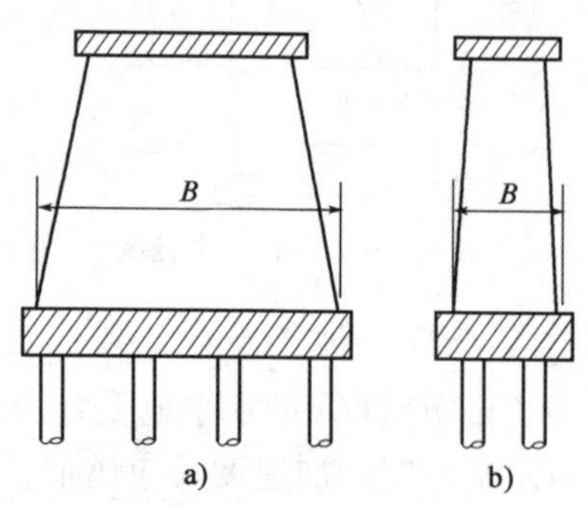

图 3.7.2-2　墩身最大宽度 B

a）横桥向；b）顺桥向

$G_{i=0}$——桥梁上部结构重力（kN）；

$G_{i=1,2,3\cdots}$——桥墩墩身各分段的重力（kN）。

3.7.3 规则简支变连续梁桥的柱式墩，采用反应谱法计算时，其顺桥向水平地震力可采用下列简化公式计算。其计算简图如图3.7.3所示。

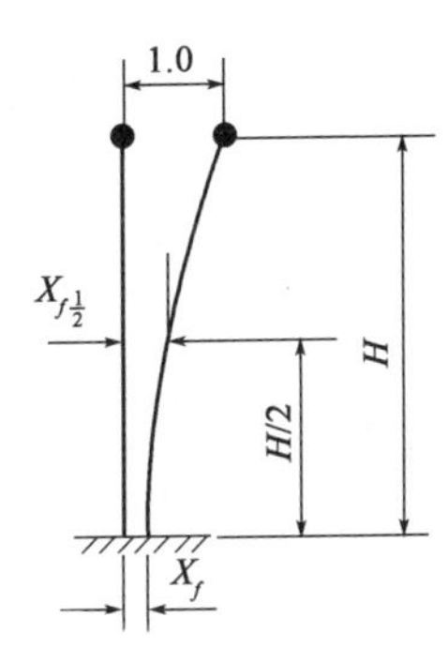

图3.7.3 柱式墩计算简图

$$E_{htp} = S_{h1}G_t/g \tag{3.7.3}$$

式中：E_{htp}——作用于支座顶面处的水平地震力(kN)；

G_t——支座顶面处的换算质点重力(kN)；

$$G_t = G_{sp} + G_{cp} + \eta G_p$$

G_{sp}——桥梁上部结构的重力(kN)；

G_{cp}——盖梁的重力(kN)；

G_p——墩身重力(kN)，对于扩大基础，为基础顶面以上墩身的重力；对于桩基础，为一般冲刷线以上墩身的重力；

η——墩身重力换算系数；

$$\eta = 0.16(X_f^2 \times 2X_{f\frac{1}{2}}^2 + X_f X_{f\frac{1}{2}} + X_{f\frac{1}{2}} + 1)$$

$X_{f\frac{1}{2}}$——考虑地基变形时，顺桥向作用于支座顶面上的单位水平力在墩身计算高度 $H/2$ 处引起的水平位移与支座顶面处的水平位移之比；

X_f 的意义同式(3.7.2-1)。

3.7.4 采用板式橡胶支座的规则简支变连续梁桥，采用反应

谱法计算时,其顺桥向水平地震力可按下述简化方法计算:

(1)上部结构对板式橡胶支座顶面处产生的水平地震力

$$E_{ihs}=\frac{k_{itp}}{\sum_{i=1}^{n}k_{itp}}S_{h1}G_{sp}/g \tag{3.7.4-1}$$

式中:E_{ihs}——上部结构对第 i 号墩板式橡胶支座顶面处产生的水平地震力(kN);

k_{itp}——第 i 号墩组合抗推刚度(kN/m),$k_{itp}=\frac{k_{is}k_{ip}}{k_{is}+k_{ip}}$;

k_{is}——第 i 号墩板式橡胶支座抗推刚度(kN/m),$k_{is}=\sum_{j=1}^{n_s}\frac{G_d A_r}{\sum t}$;

n_s——第 i 号墩上板式橡胶支座数量;

G_d——板式橡胶支座动剪切模量(kN/m^2),一般取 $1200kN/m^2$;

A_r——板式橡胶支座面积(m^2);

$\sum t$——板式橡胶支座橡胶层总厚度(m);

n——相应于一联上部结构的桥墩个数;

k_{ip}——第 i 号桥墩墩顶抗推刚度(kN/m);

G_{sp}——一联上部结构的总重力(kN)。

(2)墩身水平地震力

①实体墩由墩身自重在墩身质点 i 的水平地震力

$$E_{ihp}=S_{h1}\gamma_1 X_{1i}G_i/g \tag{3.7.4-2}$$

式中符号意义同式(3.7.2-1)。

②柱式墩由墩身自重在板式橡胶支座顶面产生的水平地震力

$$E_{hp}=S_{h1}G_{tp}/g \tag{3.7.4-3}$$

式中:G_{tp}——桥墩对板式橡胶支座顶面处的换算质点重力(kN);

$$G_{tp}=G_{cp}+\eta G_p$$

其他符号意义同式(3.7.3)。

3.7.5 采用板式橡胶支座的规则简支变连续梁桥，当横桥向设置有限制横桥向位移的抗震措施时，桥墩横桥向水平地震力可按式(3.7.2-1)计算。

3.7.6 在E2地震作用下，可按下式计算墩顶的顺桥向和横桥向水平位移Δ_d：

$$\Delta_d = c\delta \tag{3.7.6}$$

式中：δ——在E2地震作用下，采用截面有效刚度计算的墩顶水平位移；

c——考虑结构周期的调整系数，按表3.7.6取值。

表3.7.6 调整系数c

结构周期	c
$T \leqslant 0.1$s	1.5
$T \geqslant T_g$	1.0
$1.0\text{s} \leqslant T \leqslant T_g$时	按线性插值求得

注：T-结构的自振周期；T_g-特征周期。

可参见《公路桥梁抗震设计细则》(JTG/T B02-01—2008)中表5.2.3。

3.7.7 采用非线性时程方法计算规则简支变连续梁桥的变形和内力时，可参照本手册第3.6节的有关条文。

3.8 能力保护构件计算

3.8.1 在E2地震作用下，如结构未进入塑性工作范围，桥梁墩柱的剪力设计值、桥梁基础和盖梁的内力设计值可用E2地震作用的计算结果。

3.8.2 延性墩柱沿顺桥向和横桥向剪力设计值V_{c0}可按下列规定计算：

1)延性墩柱沿顺桥向剪力设计值V_{c0}

（1）延性墩柱的底部区域为潜在塑性铰区域

$$V_{c0} = \phi^0 \frac{M_{zc}^X}{H_n} \tag{3.8.2-1}$$

（2）延性墩柱的顶、底部区域均为潜在塑性铰区域

$$V_{c0} = \phi^0 \frac{M_{zc}^X + M_{zc}^S}{H_n} \tag{3.8.2-2}$$

2）延性墩柱沿横桥向剪力设计值

（1）延性墩柱的底部区域为潜在塑性铰区域

$$V_{c0} = \phi^0 \frac{M_{hc}^X}{H_n} \tag{3.8.2-3}$$

（2）延性墩柱的顶、底部区域均为潜在塑性铰区域

$$V_{c0} = \phi^0 \frac{M_{hc}^X + M_{hc}^S}{H_n} \tag{3.8.2-4}$$

式中：M_{zc}^S、M_{zc}^X——墩柱上、下端截面按实配钢筋，采用材料强度标准值和最不利轴力计算的沿顺桥向正截面抗弯承载力所对应的弯矩值（kN·m）；

M_{hc}^S、M_{hc}^X——墩柱上、下端截面按实配钢筋，采用材料强度标准值和最不利轴力计算的沿横桥向正截面抗弯承载力所对应的弯矩值（kN·m）；

H_n——一般取为墩柱的净长度，但是对于单柱墩横桥向计算时应取梁体截面形心到墩柱底截面的垂直距离（m）；

ϕ^0——桥墩正截面抗弯承载能力超强系数，$\phi^0 = 1.2$。

3.8.3 延性桥墩盖梁的弯矩设计值M_{p0}，可按下式计算：

$$M_{p0} = \phi^0 M_{hc}^s + M_G \tag{3.8.3}$$

式中：M_G——由结构重力产生的弯矩（kN·m）；

其他符号意义同式（3.8.2-4）。

3.8.4 延性桥墩盖梁的剪力设计值V_{c0}可按下式计算：

$$V_{c0} = \phi^0 \frac{M_{pc}^R + M_{pc}^L}{L_0} \tag{3.8.4}$$

式中：M_{pc}^L、M_{pc}^R——盖梁左、右端截面按实配钢筋，采用材料强度标准值计算的正截面抗弯承载力所对应的弯矩值（kN·m）；

L_0——盖梁的净跨度（m）。

3.8.5 梁桥基础沿顺桥向、横桥向的弯矩、剪力和轴力设计值应根据墩柱底部可能出现塑性铰处沿顺桥向、横桥向的弯矩承载力（考虑超强系数 φ°）、剪力设计值和墩柱最不利轴力来计算。

3.9 桥台

3.9.1 桥台的水平地震力可按下式计算：

$$E_{hau} = C_i C_s C_d A G_{au}/g \tag{3.9.1}$$

式中：C_i、C_s、C_d——抗震重要性系数、场地系数和阻尼调整系数，分别按《公路桥梁抗震设计细则》（JTG/T B02-01—2008）中表 3.1.4-2、表 5.2.2、式（5.2.4）取值；

A——水平向设计基本地震动加速度峰值，按《公路桥梁抗震设计细则》（JTG/T B02-01—2008）中表 3.2.2 取值；

E_{hau}——作用于台身重心处的水平地震作用力（kN）；

G_{au}——基础顶面以上台身的重力（kN）。

（1）对于修建在基岩上的桥台，其水平地震力可按式（3.9.1）计算值的 80% 采用。

（2）验算设有固定支座的梁桥桥台时，还应计入由上部结构所产生的水平地震力，其值按式（3.9.1）计算，但 G_{au} 取一孔梁的重力。

3.9.2 作用在桥台上的主动土压力和动水压力按《公路桥梁抗震设计细则》（JTG/T B02-01—2008）中第 5.5 节计算。

4 强度与变形验算

4.1 一般规定

4.1.1 在E1地震作用下,结构在弹性范围内工作,基本不损伤;在E2地震作用下,延性构件(墩柱)可发生损伤,产生弹塑性变形,耗散地震能量,但延性构件(墩柱)的塑性铰区域应具有足够的塑性变形能力。

4.1.2 梁桥基础、盖梁、梁体以及墩柱的抗剪按能力保护原则设计,在E2地震作用下基本不发生损伤。

4.1.3 对于D类桥梁、重力式桥墩和桥台,可只进行E1地震作用下结构的强度验算。

4.2 D类桥梁、重力式桥墩和桥台强度验算

4.2.1 顺桥向和横桥向E1地震作用效应和永久作用效应组合后,应按现行公路桥涵设计规范相关规定验算重力式桥墩、桥台、圬工拱桥主拱及基础的强度、偏心、稳定性。

4.2.2 顺桥向和横桥向E1地震作用效应和永久作用效应组合后,应按现行公路桥涵设计规范相关规定验算D类桥梁桥墩、盖梁和基础的强度。

4.2.3 D类桥梁和重力式桥墩桥梁支座抗震能力可按以下方法验算。

1)板式橡胶支座的抗震验算

(1)支座厚度验算

$$\sum t \geqslant \frac{X_E}{\tan\gamma} = X_E \quad (4.2.3\text{-}1)$$

$$X_E = \alpha_d X_D + X_H \quad (4.2.3\text{-}2)$$

式中：$\sum t$——橡胶层的总厚度(m)；

$\tan\gamma$——橡胶片剪切角正切值，取 $\tan\gamma = 1.0$；

X_D——在 E1 地震作用下，支座顶面相对于底面的水平位移(m)；

X_H——永久作用产生的支座顶面相对于底面的水平位移(m)；

α_d——支座调整系数，一般取 2.3。

(2)支座抗滑稳定性验算

$$\mu_d R_b \geqslant E_{hzh} \quad (4.2.3\text{-}3)$$

$$E_{hzh} = \alpha_d E_{hze} + E_{hzd} \quad (4.2.3\text{-}4)$$

式中：μ_d——支座的动摩阻系数；橡胶支座与混凝土表面的动摩阻系数采用 0.15，与钢板的动摩阻系数采用 0.10；

E_{hzh}——支座水平组合地震力(kN)；

R_b——上部结构重力在支座上产生的反力(kN)；

E_{hze}——在 E1 地震作用下，橡胶支座的水平地震力(kN)；

E_{hzd}——永久作用产生的橡胶支座水平力(kN)；

α_d——支座调整系数，一般取 2.3。

2)盆式支座的抗震验算

(1)活动盆式支座

$$X_E \leqslant X_{\max} \quad (4.2.3\text{-}5)$$

$$X_E = \alpha_d X_D + X_H \quad (4.2.3\text{-}6)$$

(2)固定盆式支座

$$E_{hzh} \leqslant E_{\max} \quad (4.2.3\text{-}7)$$

$$E_{hzh} = \alpha_d E_{hze} + E_{hzd} \quad (4.2.3\text{-}8)$$

式中：$X_{\max}$——活动盆式支座容许滑动的水平位移(m)；

E_{max}——固定盆式支座容许承受的最大水平力(kN)。

其他符号意义同式(4.2.3-2)和式(4.2.3-4)。

4.3 B类、C类桥梁抗震强度验算

4.3.1 顺桥向和横桥向E1地震作用效应和永久作用效应组合后,应按现行的公路桥涵设计规范相关规定验算桥墩的强度。

4.3.2 对于计算长度与矩形截面计算方向的尺寸之比小于2.5(或墩柱的计算长度与圆形截面直径之比小于2.5)的矮墩,顺桥向和横桥向E2地震作用效应和永久作用效应组合后,应按现行的公路桥涵设计规范相关规定验算桥墩的强度。

4.3.3 顺桥向和横桥向E2地震作用效应和永久作用效应组合后,应按现行的公路桥涵设计规范相关规定验算联结系和桥面系的强度。

4.3.4 墩柱塑性铰区域沿顺桥向和横桥向的斜截面抗剪强度应按下列公式验算:

$$V_{c0} \leqslant \phi(0.0023\sqrt{f_c'}\ A_e + V_s) \tag{4.3.4}$$

式中:V_{c0}——剪力设计值(kN),按照第3.7节计算;

f_c'——混凝土抗压强度标准值(MPa);

V_s——箍筋提供的抗剪能力(kN);

$$V_s = 0.1\frac{A_k b}{S_k}f_{yh} \leqslant 0.067\sqrt{f_c'}\ A_e$$

A_e——核心混凝土面积(cm^2);

A_k——同一截面上箍筋的总面积(cm^2);

S_k——箍筋的间距(cm);

f_{yh}——箍筋抗拉强度设计值(MPa);

b——沿计算方向墩柱的宽度(cm);

ϕ——抗剪强度折减系数,$\phi=0.85$。

4.3.5　应根据本手册第3.7节计算出的弯矩、剪力和轴力设计值和永久作用效应组合后，按现行《公路桥涵地基与基础设计规范》(JTG D63)验算基础的承载能力。

4.3.6　应根据本手册第3.7节计算出的盖梁弯矩设计值、剪力设计值和永久作用效应组合后，按现行《公路钢筋混凝土及预应力混凝土桥涵设计规范》(JTG D62)验算盖梁的正截面抗弯强度和斜截面抗剪强度。

4.3.7　应根据本手册第3.8节计算出桥台的地震作用效应和永久作用效应组合后，按现行公路桥涵设计规范相关规定验算桥台的承载能力。

4.4　B类、C类桥梁墩柱的变形验算

4.4.1　在E2地震作用下，一般情况应按式(4.4.2)验算潜在塑性铰区域沿顺桥向和横桥向的塑性转动能力，但对于规则简支变连续梁桥，可按式(4.4.6)验算桥墩墩顶的位移；对于高宽比小于2.5的矮墩，可不验算桥墩的变形，但应按本手册第4.3.2条验算强度。

4.4.2　在E2地震作用下，应按下式验算桥墩潜在塑性铰区域沿顺桥向和横桥向的塑性转动能力：

$$\theta_p \leqslant \theta_u \tag{4.4.2}$$

式中：θ_p——在E2地震作用下，潜在塑性铰区域的塑性转角；

θ_u——塑性铰区域的最大容许转角，按第4.4.3条计算。

4.4.3　塑性铰区域的最大容许转角应根据极限破坏状态的曲率能力，按下式计算：

$$\theta_u = L_p(\phi_u + \phi_y)/K \tag{4.4.3-1}$$

式中：ϕ_y——截面的等效屈服曲率，一般情况下，可按本章第4.4.4条计算；但对于矩形截面和圆形截面桥墩，可按《公

路桥梁抗震设计细则》(JTG/T B02-01—2008)中附录B计算;

ϕ_u——极限破坏状态的曲率,一般情况下,可按本章第4.4.5条计算;但对于矩形截面和圆形截面桥墩,可按《公路桥梁抗震设计细则》(JTG/T B02-01—2008)中附录B计算;

K——延性安全系数,取2.0;

L_p——等效塑性铰长度(cm),可按下式计算;

$$L_p = \frac{1}{3}b \tag{4.4.3-2}$$

b——矩形截面的短边尺寸或圆形截面直径(cm)。

4.4.4 ϕ_y 为理想弹塑性轴力—弯矩—曲率($P \sim M \sim \phi$)曲线的等效屈服曲率,如图4.4.4所示,可根据图中两个阴影面积相等求得,计算中应考虑最不利轴力组合。

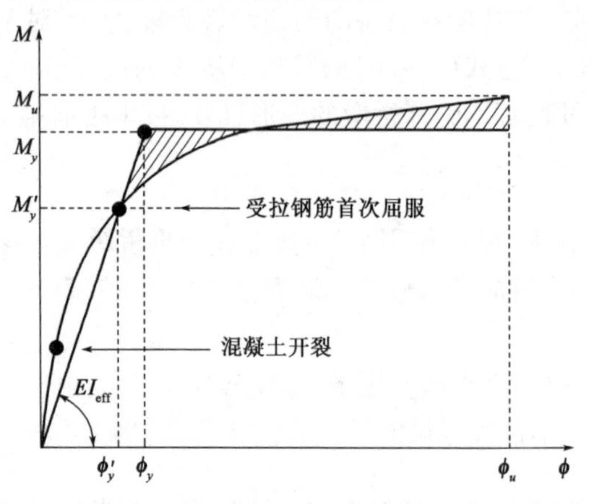

图4.4.4 等效屈服曲率

4.4.5 极限破坏状态的曲率 ϕ_u 应通过考虑最不利轴力组合的 $P \sim M \sim \phi$ 曲线确定,为混凝土应变达到极限压应变 ε_{cu} 或约束钢筋达到折减极限应变 ε_{su}^R 或纵筋达到折减极限应变 ε_{lu} 时相应的曲率。混凝土的极限压应变 ε_{cu} 可按下式计算：

$$\varepsilon_{cu} = 0.004 + \frac{1.4\rho_s f_{kh}\varepsilon_{su}^{R}}{f'_{cc}} \tag{4.4.5-1}$$

式中：ρ_s——约束钢筋的体积含筋率，对于矩形箍筋：

$$\rho_s = \rho_x + \rho_y \tag{4.4.5-2}$$

ρ_x、ρ_y——顺桥向与横桥向箍筋体积含筋率；

f_{kh}——箍筋抗拉强度标准值（MPa）；

f'_{cc}——约束混凝土的峰值应力（MPa），一般情况下可取 1.25 倍的混凝土抗压强度标准值；

ε_{su}^{R}——约束钢筋的折减极限应变，$\varepsilon_{su}^{R}=0.09$；

ε_{lu}——纵筋的折减极限应变，$\varepsilon_{lu}=0.1$。

4.4.6 在 E2 地震作用下，规则简支变连续梁桥可按下式验算桥墩墩顶的位移：

$$\Delta_d \leqslant \Delta_u \tag{4.4.6}$$

式中：Δ_d——在 E2 地震作用下墩顶的位移（cm）；

Δ_u——桥墩容许位移（cm），按第 4.4.7 条或第 4.4.8 条计算。

4.4.7 单柱墩容许位移按下式计算：

$$\Delta_u = \frac{1}{3}H^2\phi_y + \left(H - \frac{L_p}{2}\right)\theta_u \tag{4.4.7}$$

式中符号意义同式（4.4.3-1）。

4.4.8 对于双柱墩、排架墩，其顺桥向的容许位移可按式（4.4.7）计算；横桥向的容许位移可在盖梁处施加水平力 F，进行非线性静力分析。当墩柱的任一塑性铰达到其最大容许转角时，盖梁处的横向水平位移即为容许位移（图 4.4.8）。

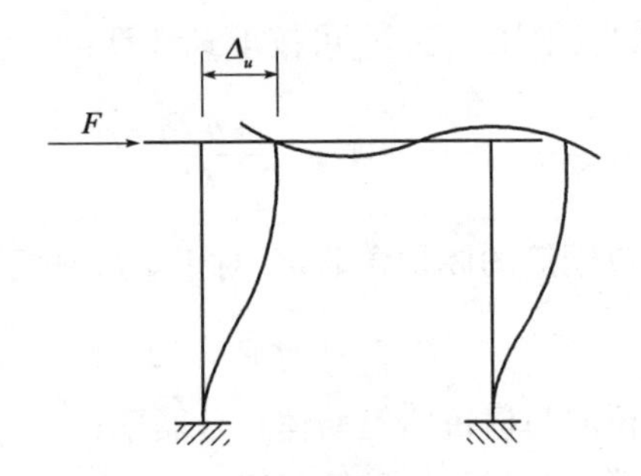

图 4.4.8 双柱墩的容许位移

4.5 B 类、C 类桥梁的支座验算

4.5.1 在 E2 地震作用下,应按下列要求进行板式橡胶支座的抗震验算:

(1)支座厚度验算

$$\sum t \geqslant \frac{X_0}{\tan\gamma} = X_0 \tag{4.5.1-1}$$

式中:$\sum t$——橡胶层的总厚度(m);

$\tan\gamma$——橡胶片剪切角正切值,取 $\tan\gamma = 1.0$;

X_0——E2 地震作用效应和永久作用效应组合后橡胶支座顶面相对于底面的水平位移(m)。

(2)支座抗滑稳定性验算

$$\mu_d R_b \geqslant E_{hzb} \tag{4.5.1-2}$$

式中:μ_d——支座的动摩阻系数;橡胶支座与混凝土表面的动摩阻系数采用 0.15,与钢板的动摩阻系数采用 0.10;

R_b——上部结构重力在支座上产生的反力(kN);

E_{hzb}——E2 地震作用效应和永久作用效应组合后橡胶支座的水平地震力(kN)。

4.5.2 在 E2 地震作用下,应按下列要求进行盆式支座的抗震验算:

活动盆式支座

$$X_0 \leqslant X_{max} \quad (4.5.2\text{-}1)$$

固定盆式支座

$$E_{hzb} \leqslant E_{max} \quad (4.5.2\text{-}2)$$

式中：X_0——E2 地震作用效应和永久作用效应组合得到的活动盆式支座滑动水平位移(m)；

X_{max}——活动盆式支座容许滑动水平位移(m)；

E_{hzb}——E2 地震作用效应和永久作用效应组合得到的固定盆式支座水平力设计值(kN)；

E_{max}——固定盆式支座容许承受的最大水平力(kN)。

5 延性构造细节设计

5.1 墩柱结构构造措施

5.1.1 对于抗震设防烈度 7 度及 7 度以上地区，墩柱潜在塑性铰区域内加密箍筋的配置，应符合下列要求：

(1)加密区的长度不应小于墩柱弯曲方向截面宽度的 1.0 倍或墩柱上弯矩超过最大弯矩 80% 的范围；当墩柱的高度与横截面高度之比小于 2.5 时，墩柱加密区的长度应取全高。

(2)加密箍筋的最大间距不应大于 10cm 或 $6d_s$ 或 $b/4$；其中 d_s 为纵向钢筋的直径，b 为墩柱弯曲方向的截面宽度。

(3)箍筋的直径不应小于 10mm。

(4)旋式箍筋的接头必须采用对接，矩形箍筋应有 135°弯勾，并伸入核心混凝土之内 $6d_s$ 以上。

(5)加密区箍筋肢距不宜大于 25cm。

(6)加密区外箍筋量应逐渐减少。

5.1.2 对于抗震设防烈度7度、8度地区,圆形、矩形墩柱潜在塑性铰区域内加密箍筋的最小体积含箍率$\rho_{s,\min}$按以下各式计算。对于抗震设防烈度9度及9度以上地区,圆形、矩形墩柱潜在塑性铰区域内加密箍筋的最小体积含箍率$\rho_{s,\min}$应比抗震设防烈度7度、8度地区适当增加,以提高其延性能力。

圆形截面

$$\rho_{s,\min} = [0.14\eta_k + 5.84(\eta_k - 0.1)(\rho_t - 0.01) + 0.028]\frac{f'_c}{f_{yh}} \geqslant 0.004 \tag{5.1.2-1}$$

矩形截面

$$\rho_{s,\min} = [0.1\eta_k + 4.17(\eta_k - 0.1)(\rho_t - 0.01) + 0.02]\frac{f'_c}{f_{yh}} \geqslant 0.004 \tag{5.1.2-2}$$

式中:η_k——轴压比,指结构的最不利组合轴向压力与柱的全截面面积和混凝土轴心抗压强度设计值乘积之比;

ρ_t——纵向配筋率。

其他符号意义同式(4.3.4)。

5.1.3 墩柱潜在塑性铰区域以外箍筋的体积配箍率不应小于塑性铰区域加密箍筋体积配箍率的50%。

5.1.4 墩柱的纵向钢筋宜对称配筋,纵向钢筋的面积不宜小于$0.006A_h$,不应超过$0.04A_h$,其中A_h为墩柱截面面积。

5.1.5 墩柱纵向钢筋之间的距离不应超过20cm,至少每隔一根宜用箍筋或拉筋固定。

5.1.6 空心截面墩柱潜在塑性铰区域内加密箍筋的配置,应符合下列要求:

(1)应配置内外两层环形箍筋,在内外两层环形箍筋之间应配置足够的拉筋,如图5.1.6所示。

（2）加密箍筋的配置应满足第5.1.1条和第5.1.2条的规定。

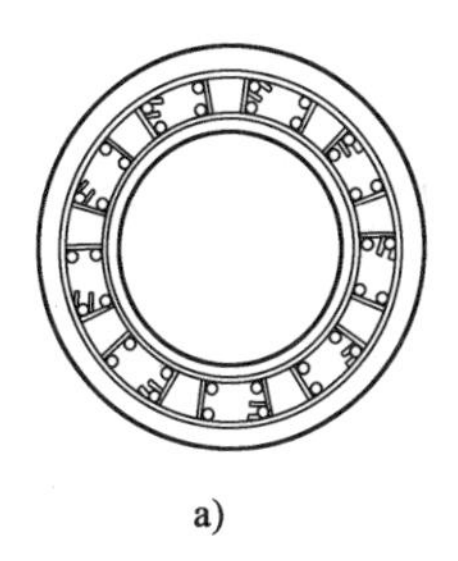
a)

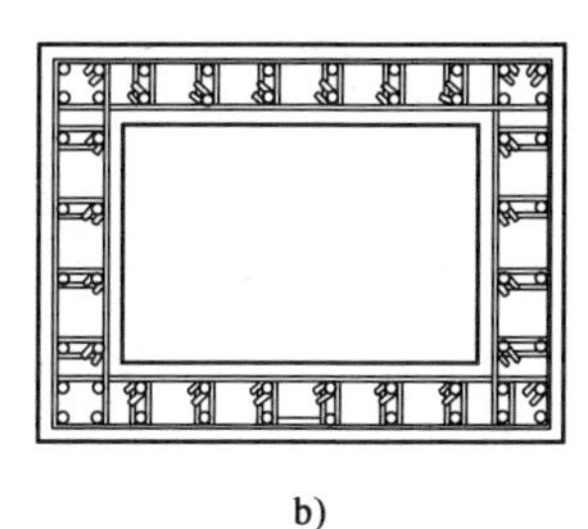
b)

图5.1.6　常用空心截面类型

5.1.7　墩柱的纵向钢筋应尽可能地延伸至盖梁和承台的另一侧面，纵向钢筋的锚固和搭接长度应在现行《公路钢筋混凝土及预应力混凝土桥涵设计规范》（JTG D62）要求的基础上增加$10d_s$，d_s为纵向钢筋的直径，不应在塑性铰区域进行纵向钢筋的连接。

5.1.8　塑性铰加密区域配置的箍筋应延续到盖梁和承台内，延伸到盖梁和承台的距离不应小于墩柱长边尺寸的1/2，并不小于50cm。

5.1.9　柱式桥墩和排架桩墩的柱（桩）与盖梁、承台连接处的配筋不应少于柱（桩）身最大配筋。柱式桥墩和排架桩墩的截面变化部位，宜做成坡度为2∶1～3∶1的喇叭形渐变截面或在截面变化处适当增加配筋。

5.1.10　排架桩墩加密区段箍筋布设应符合以下要求：

（1）扩大基础的柱式桥墩和排架桩墩应布置在柱（桩）的顶部和底部，其布置高度取柱（桩）的最大横截面尺寸或1/6柱（桩）高，并不小于50cm。

（2）桩基础的排架桩墩应布置在柱（桩）的顶部（布置高度同

上)和柱(桩)在地面或一般冲刷线以上1倍柱(桩)径处延伸到最大弯矩以下3倍柱(桩)径处,并不小于50cm。排架桩墩加密区段箍筋配置及箍筋接头应符合第5.1.1条的要求。

5.1.11 墩柱结构高度大于60m时为高墩。对于高墩宜采用钢筋混凝土结构,宜采用空心截面。可适当加大桩、柱直径或采用双排的柱式墩和排架桩墩,桩、柱间设置横系梁等,提高其抗弯延性和抗剪强度。

5.1.12 高度低于60m时为矮墩。桥墩的高度差过大时,矮墩因刚度大而最先破坏,可将矮墩放置在钢套筒里来调整墩柱的刚度和强度,套筒下端的标高同其他桥墩的地面标高。

5.2 结点构造措施

5.2.1 结点的主拉应力和主压应力可按下式计算:

$$\begin{matrix}\sigma_c\\ \sigma_t\end{matrix} = \frac{f_v + f_h}{2} \pm \sqrt{\left(\frac{f_v - f_h}{2}\right)^2 + v_{jh}^2} \tag{5.2.1}$$

式中:σ_c、σ_t——结点的名义主压应力和名义主拉应力;

v_{jh}——结点的名义剪应力;

$$v_{jh} = v_{jv} = \frac{V_{jh}}{b_{je}\ h_b}$$

V_{jh}——结点的名义剪力,见图5.2.1;

$$V_{jh} = T_c^t + C_c^b$$

T_c^t——考虑超强系数ϕ^0($\phi^0=1.2$)的混凝土墩柱纵筋拉力,见图5.2.1;

C_c^b——考虑超强系数ϕ^0($\phi^0=1.2$)的混凝土墩柱受压区压应力合力,见图5.2.1;

f_v、f_h——结点沿垂直方向和水平方向的正应力;

$$f_v = \frac{P_c^b + P_c^t}{2b_b h_c}$$

$$f_h = \frac{P_b}{b_{je}\ h_b}$$

b_{je}、h_b——横梁横截面的宽度和高度；

b_b、h_c——上立柱横截面的宽度和高度；

P_c^b、P_c^t——上下立柱的轴力；

P_b——横梁的轴力(包括预应力产生的轴力)。

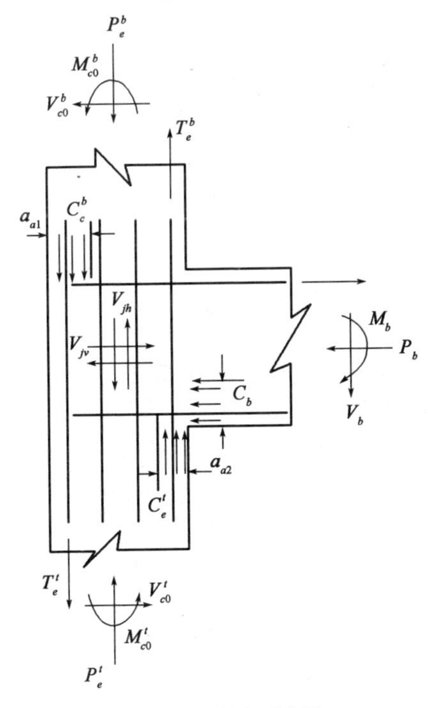

图 5.2.1　结点受力图

5.2.2　如主拉应力$\sigma_t \leqslant 0.275\sqrt{f_c'}$ (MPa)，结点的水平和竖向箍筋配置可按下式计算：

$$\rho_{s,\min} = \rho_x + \rho_y = \frac{0.275\sqrt{f_c'}}{f_{yh}} \tag{5.2.2}$$

式中符号意义同式(4.3.4)和式(4.4.5-2)。

5.2.3 如主拉应力$\sigma_t > 0.275\sqrt{f_c'}$(MPa),应按以下要求进行结点的水平和竖向箍筋配置:

(1)结点中的横向含箍率不应小于本手册第5.1.1条、第5.1.2条对于塑性铰加密区域含箍率的要求,横向箍筋的配置见图5.2.3。

(2)在距柱侧面$h_b/2$的盖梁范围内配置竖向箍筋,h_b为盖梁的高度,竖向箍筋见图5.2.3,按下式计算竖向箍筋面积A_v:

$$A_v = 0.174A_s \tag{5.2.3}$$

式中:A_s——立柱纵筋面积。

(3)结点中的竖向箍筋可取$A_v/2$。

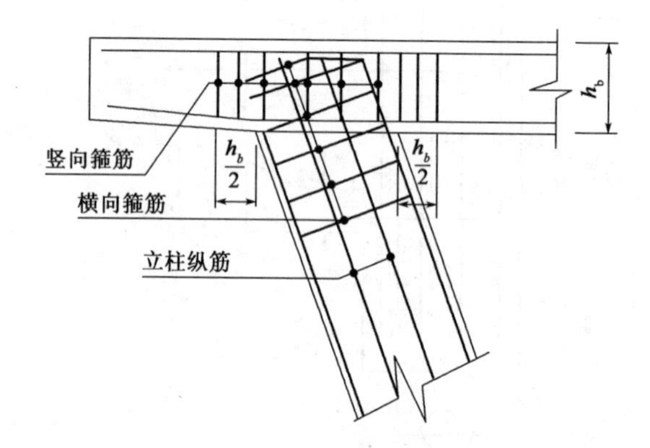

图5.2.3 结点配筋示意图

6 桥梁减隔震设计

6.1 一般规定

6.1.1 本章给出的是简支变连续梁桥减隔震设计的原则。

6.1.2 满足下列条件之一的桥梁,可采用减隔震设计:

(1)桥墩为刚性墩,桥梁的基本周期比较短。

(2)桥墩高度相差较大时。

(3)桥址区的预期地面运动特性比较明确,主要能量集中在高频段时。

6.1.3 存在以下情况之一时,不宜采用减隔震设计:

(1)地震作用下,场地可能失效。

(2)下部结构刚度小,桥梁的基本周期比较长。

(3)位于软弱场地,延长周期可能引起地基和桥梁共振。

(4)支座中可能出现负反力。

6.1.4 减隔震设计的桥梁应针对 E1 地震作用和 E2 地震作用分别进行设计和验算。

6.1.5 减隔震设计的桥梁,应满足正常使用条件的要求。相邻上部结构之间必须在桥台、桥墩等处设置足够的间隙,以满足位移需求。

6.1.6 减隔震设计的桥梁,其基本周期原则上应为不采用减隔震装置时基本周期的两倍以上。

6.1.7 减隔震桥梁抗震分析时,可分别考虑顺桥向和横桥向的地震作用,位于抗震设防烈度 8 度、9 度区的桥梁,应按《公路桥梁抗震设计细则》(JTG/T B02-01—2008)中第 5.1.1 条的规定,考虑竖向地震效应和水平地震效应的不利组合。

6.1.8 减隔震装置的构造宜尽可能简单、性能可靠,应在其性能明确的范围内使用,并进行定期的维护和检查;应考虑减隔震系统的可更换性要求。

6.2 减隔震装置

6.2.1 常用的减隔震装置分为整体型和分离型两类。

6.2.2 目前常用的整体型减隔震装置有：

(1)铅芯橡胶支座。

(2)高阻尼橡胶支座。

(3)摩擦摆式减隔震支座。

6.2.3 目前常用的分离型减隔震装置有：

(1)橡胶支座+金属阻尼器。

(2)橡胶支座+摩擦阻尼器。

(3)橡胶支座+黏性材料阻尼器。

6.3 减隔震简支变连续梁桥建模原则与分析方法

6.3.1 减隔震简支变连续梁桥的计算模型除满足本手册第3章的规定外，尚应正确反映减隔振装置的力学特性。

6.3.2 计算减隔震简支变连续梁桥地震作用效应时，宜取全桥模型进行分析，并考虑伸缩装置、桩土相互作用等因素。

6.3.3 减隔震简支变连续梁桥抗震分析可采用反应谱法、动力时程法和功率谱法。一般情况下，宜采用非线性动力时程分析方法。

6.4 性能要求与抗震验算

6.4.1 桥墩、桥台、基础等应依据能力保护设计原则进行设计与验算，根据本手册第4章有关条款执行。

6.4.2 减隔震装置应进行如下验算：

(1)对于橡胶型减隔震装置，在E1地震作用下产生的剪切应变应小于 100%，在 E2 地震作用下产生的剪切应变应小于 250%，并验算其稳定性。

(2)非橡胶型减隔震装置，应根据具体的产品指标进行验算。

(3)应对减隔震装置在正常使用条件下的性能进行验算。

6.4.3 对减隔震装置的变形、阻尼等力学参数，应进行试验测试。试验得到的力学参数值应在设计值的 ±10% 以内。

7 抗震措施

7.1 一般规定

7.1.1 简支变连续梁桥抗震措施等级的选择，可按《公路桥梁抗震设计细则》(JTG/T B02-01—2008)中表 3.1.4-1 确定。

7.2 6 度区

7.2.1 简支变连续梁桥梁端至墩、台帽或盖梁边缘应有一定的距离(图 7.2.1)。其最小值 a(cm)按下式计算：

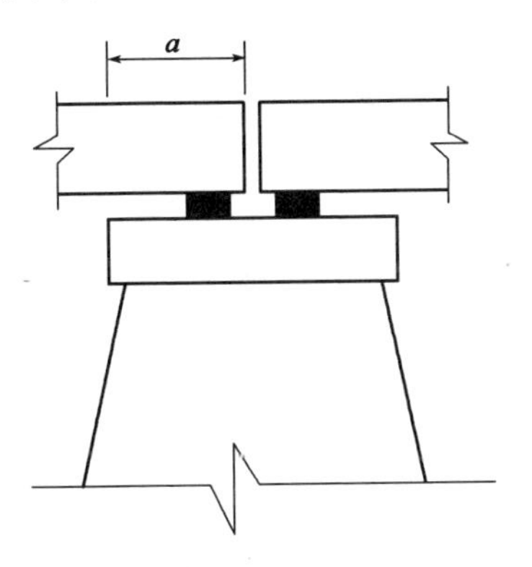

图 7.2.1 梁端至墩、台帽或盖梁边缘的最小距离 a

$$a \geqslant 70 + 0.5L \tag{7.2.1}$$

式中:L——梁的计算跨径(m)。

7.2.2 当满足式(7.2.2-1)的条件时,斜桥梁(板)端至墩、台帽或盖梁边缘的最小距离 a(cm)(图 7.2.2)应按式(7.2.2-2)和式(7.2.1)计算,取大值。

$$\frac{\sin 2\theta}{2} > \frac{b}{L_\theta} \tag{7.2.2-1}$$

$$a \geqslant 50L_\theta[\sin\theta - \sin(\theta - \alpha_E)] \tag{7.2.2-2}$$

式中:L_θ——上部结构总长度(m);

b——上部结构总宽度;

θ——斜交角(°);

α_E——极限脱落转角(°),一般取 5°。

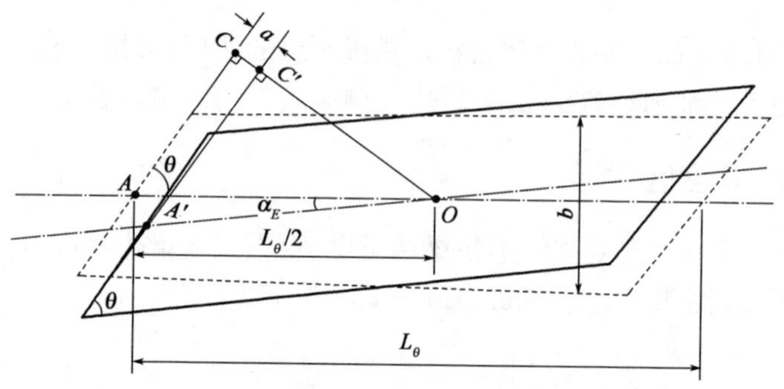

图 7.2.2 斜桥梁端至墩、台帽或盖梁边缘的最小距离 a

7.2.3 当满足式(7.2.3-1)的条件时,曲线桥梁端至墩、台帽或盖梁边缘的最小距离 a(cm)(图 7.2.3)应按式(7.2.3-2)和式(7.2.1)计算,取大值。

$$\frac{115}{\varphi} \cdot \frac{1 - \cos\varphi}{1 + \cos\varphi} > \frac{b}{L} \tag{7.2.3-1}$$

$$a \geqslant \delta_E \frac{\sin\varphi}{\cos\left(\frac{\varphi}{2}\right)} + 30 \tag{7.2.3-2}$$

$$\delta_E = 0.5\varphi + 70 \quad (7.2.3\text{-}3)$$

式中：δ_E——上部结构端部向外侧的移动量（cm）；

L——上部结构总弧线长度（m）；

φ——曲线梁的中心角（°）。

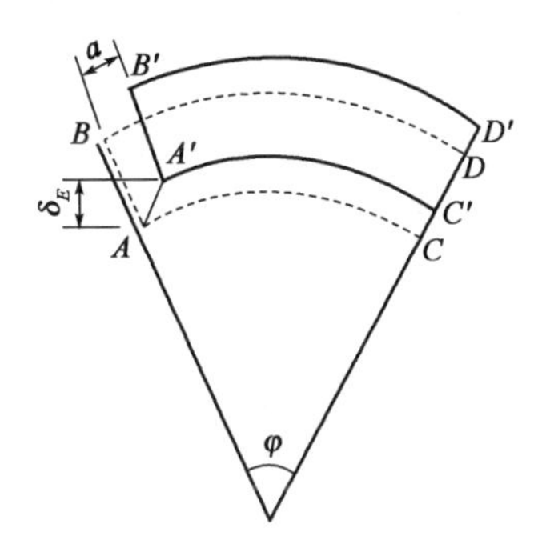

图 7.2.3　曲线桥梁端至墩、台帽或盖梁边缘的最小距离 a

7.3　7 度区

7.3.1　7 度区的抗震措施，除应符合 6 度区的规定外，尚应符合本节的规定。

7.3.2　桥台胸墙应适当加强，并在梁与梁之间和梁与桥台胸墙之间加装橡胶垫或其他弹性衬垫，以缓和冲击作用和限制梁的位移。其构造示意如图 7.3.2-1、图 7.3.2-2 所示。

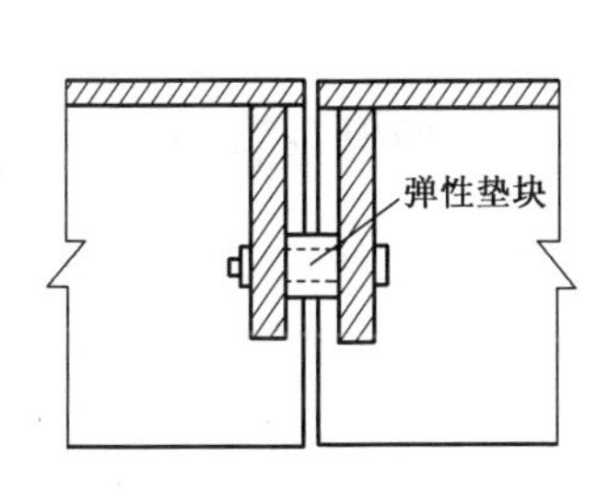

图 7.3.2-1　梁与梁之间的缓冲设施

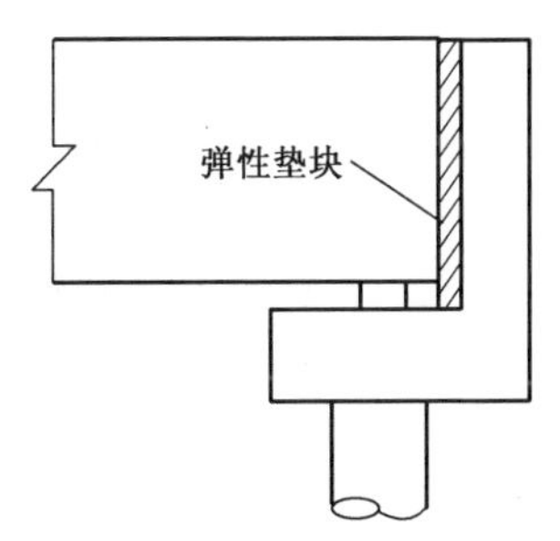

图 7.3.2-2　梁与桥台之间的缓冲设施

7.3.3 简支变连续梁桥应采取防止横向产生较大位移的措施。

7.3.4 在软弱黏性土层、液化土层和不稳定的河岸处建桥时，对于大、中桥，可适当增加桥长，合理布置桥孔，使墩、台避开地震时可能发生滑动的岸坡或地形突变的不稳定地段。否则，应采取措施增强基础抗侧移的刚度和加大基础埋置深度；对于小桥，可在两桥台基础之间设置支撑梁或采用浆砌片(块)石满铺河床。

7.4 8度区

7.4.1 8度区的抗震措施，除应符合7度区的规定外，尚应符合本节的规定。

7.4.2 应采用合理的限位装置，防止结构相邻构件产生过大的相对位移。

7.4.3 梁桥活动支座，不应采用摆柱支座；当采用辊轴支座时，应采取限位措施。

7.4.4 简支变连续梁桥宜采取使上部构造所产生的水平地震荷载能由各个墩、台共同承担的措施，以免固定支座墩受力过大。

7.4.5 连续曲梁的边墩和上部构造之间宜采用锚栓连接，防止边墩与梁脱离。

7.4.6 高度大于7m的柱式桥墩和排架桩墩应设置横系梁。

7.4.7 石砌或混凝土墩(台)的墩(台)帽与墩(台)身连接处、墩(台)身与基础连接处、截面突变处、施工接缝处均应采取提高抗剪能力的措施。

7.4.8 桥台宜采用整体性强的结构形式。

7.4.9　石砌或混凝土墩、台的最低砂浆强度等级，应按现行《公路圬工桥涵设计规范》(JTG D61)的要求提高一级采用。

7.4.10　桥梁下部为钢筋混凝土结构时，其混凝土强度等级不应低于C25。

7.4.11　基础宜置于基岩或坚硬土层上。基础底面宜采用平面形式。当基础置于基岩上时，方可采用阶梯形式。

7.5　9度区

7.5.1　9度区的抗震措施，除应符合8度区的规定外，尚应符合本节的规定。

7.5.2　梁桥各片梁间必须加强横向连接，以提高上部结构的整体性。

7.5.3　桥梁墩、台采用多排桩基础时，宜设置斜桩。

7.5.4　桥台台背和锥坡的填料不宜采用砂类土，填土应逐层夯实，并注意采取排水措施。

7.5.5　梁桥活动支座应采取限制其竖向位移的措施。

条 文 说 明

1 总则

1.0.1 参照国外桥梁抗震设防的性能目标要求,同时考虑了和《公路工程抗震设计规范》(JTJ 004—89)中桥梁抗震设防性能目标要求的延续性和一致性,本手册规定:A 类桥梁的抗震设防目标是中震(E1 地震作用,重现期约为 475 年)不坏,大震(E2 地震作用,重现期约为 2000 年)可修;B、C 类桥梁的抗震设防目标是小震(E1 地震作用,重现期为 50 ~ 100 年)不坏,中震(重现期约为 475 年)可修,大震(E2 地震作用,重现期约为 2000 年)不倒;D 类桥梁的抗震设防目标是小震(重现期约为 25 年)不坏。需要指出的是,对于 B、C 类桥梁,其抗震设计只进行 E1 地震作用下的弹性抗震设计和 E2 地震作用下的延性抗震设计,满足了这两个阶段的性能目标要求后,中震(重现期约为 475 年)可修的目标即认为已隐含满足。因此,本手册实质上是采用两水平设防、两阶段设计。

1.0.2 本手册从我国目前的具体情况出发,考虑到公路桥梁的重要性和在抗震救灾中的作用,本着确保重点和节约投资的原则,将不同桥梁给予不同的抗震安全度。具体来讲,将公路桥梁分为 A、B、C、D 四个抗震设防类别,并按抗震设防类别确定不同的设防标准和设防目标。

2 术语、符号

本章仅将本手册出现的、人们比较生疏的术语列出。术语的解释,其中部分是国际公认的定义,但大部分则是概括性的涵义,并非国际或国家公认的定义。术语的英文名称不是标准化名称,仅供引用时参考。

3 抗震分析

3.1 一般规定

为了简化桥梁结构的动力响应计算及抗震设计和校核，梁桥结构根据其在地震作用下动力响应的复杂程度分为两大类，即规则简支变连续梁桥和非规则简支变连续梁桥。对于规则简支变连续梁桥的抗震分析、设计与校核，根据目前积累的大量震害经验及理论研究成果，采用简化计算方法和设计校核步骤就可以很好地把握其在地震作用下的动力响应特性，并使设计的结构满足规范预期的性能要求。对于非规则简支变连续梁桥，由于其动力响应特性复杂，采用简化计算方法不能很好地把握其动力响应特性，因此对非规则简支变连续梁桥，本手册要求采用比较复杂的分析方法和设计校核过程来确保其在实际地震作用下的性能满足本手册的设计要求。

规则简支变连续梁桥的地震反应应以第一阶振型为主，因此可以采用本手册建议的各种简化计算公式进行分析。对规则简支变连续梁桥采用简化的设计、校核过程也可以保证其能够满足本手册规定的预期抗震设计性能目标。

显然，要满足规则简支变连续梁桥的定义，实际桥梁结构应在跨数、几何形状、质量分布、刚度分布以及桥址的地质条件等方面服从一定的限制。具体地讲，要求实际桥梁的跨数不应太多，跨径不宜太大（避免轴压力过高），在桥梁纵向和横向上的质量分布、刚度分布以及几何形状都不应有突变，相邻桥墩的刚度差异不应太大，桥墩长细比应处于一定范围，桥址的地形、地质没有突变，而且桥址场地不会有发生液化和地基失效的危险等等；对弯桥和斜桥，要求其最大圆心角和斜交角应处于一定范围；对安装有隔震支座和（或）阻尼器的桥梁，则不属于规则简支变连续梁桥。为了便于实际操作，此处对规则简支变连续梁桥给出了一些规定。迄今为止,国内还没有对规则简支变连续梁桥结构的定义范围做专门研究,这里仅借鉴国外一些桥梁抗震设计规范的规定并结合国内已有的一些研究成果,给出表3.1.1的规定。不在此表限定范围内的桥梁,都属于非规则简支变连续梁桥。

3.2 桥梁延性抗震设计

3.2.1~3.2.4 1971年美国圣弗尔南多(San Fernand)地震爆发以后,各国都认识到结构的延性能力对结构抗震性能的重要意义;在1994年美国北岭(Northridge)地震和1995年日本神户(Kobe)地震爆发后,强调结构总体延性能力已成为一种共识。为保证结构的延性,同时最大限度地避免地震破坏的随机性,新西兰学者Park等在20世纪70年代中期提出了结构抗震设计理论中的一个重要原则——能力保护设计原则(Philosophy of Capacity Design),并最早在新西兰混凝土设计规范(NZS3101,1982)中得到应用。以后这个原则先后被美国、欧洲和日本等国家的桥梁抗震规范所采用。

能力保护设计原则的基本思想在于:通过设计,使结构体系中的延性构件和能力保护构件形成强度等级差异,确保结构构件不发生脆性的破坏模式。基于能力保护设计原则的结构抗震设计过程,一般都具有以下特征:

(1)选择合理的结构布局。

(2)选择地震中预期出现的弯曲塑性铰的合理位置,保证结构能形成一个适当的塑性耗能机制;通过强度和延性设计,确保潜在塑性铰区域截面的延性能力。

(3)确立适当的强度等级,确保预期出现弯曲塑性铰的构件不发生脆性破坏模式(如剪切破坏、黏结破坏等),并确保脆性构件和不宜用于耗能的构件(能力保护构件)处于弹性反应范围。

具体到梁桥,按能力保护设计原则,应考虑以下几方面:

(1)塑性铰的位置一般选择出现在墩柱上,墩柱作为延性构件设计,可以发生弹塑性变形,耗散地震能量。

(2)墩柱的设计剪力值按能力设计方法计算,应为与柱的极限弯矩(考虑超强系数)所对应的剪力。在计算设计剪力值时应考虑所有潜在的塑性铰位置,以确定最大的设计剪力。

(3)盖梁、结点及基础按能力保护构件设计,其设计弯矩、设计剪力和设计轴力应为与柱的极限弯矩(考虑超强系数)所对应的弯矩、剪力和轴力;在计算盖梁、结点和基础的设计弯矩、设计剪力和轴力值时,应考虑所有潜在的塑性铰位置,以确定最大的设计弯矩、剪力和轴力。

3.3 建模原则

3.3.1、3.3.2 由于非规则简支变连续梁桥动力特性的复杂性,采用简化计算方法不能正确地把握其动力响应特性,要求采用杆系有限元建立动力空间计算模型。正确地建立桥梁结构的动力空间模型是进行桥梁抗震设计的基础。为了正确反映实际桥梁结构的动力特性,要求每个墩柱至少采用三个杆系单元;桥梁支座采用支座连接单元模拟,单元的质量可采用集中质量代表(图3-1)。

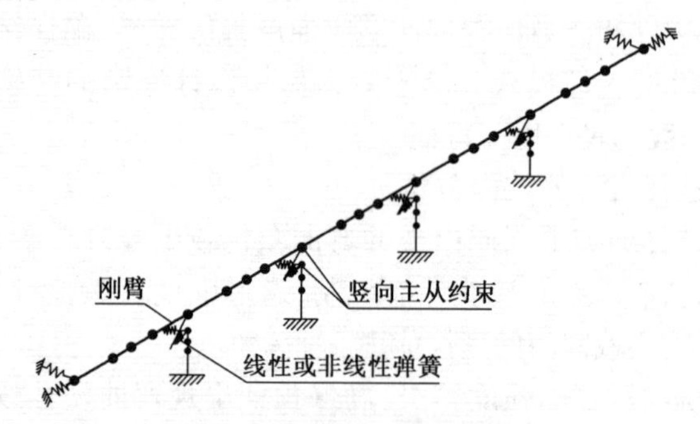

图3-1 桥梁动力空间计算模型

阻尼是影响结构地震反应的重要因素,在进行非规则简支变连续梁桥时程反应分析时可采用瑞利阻尼假设建立阻尼矩阵。根据瑞利阻尼假设,结构的阻尼矩阵可表示为:

$$[C] = a_0[M] + a_1[K] \tag{3-1}$$

式中：$[M]$、$[K]$——结构的质量和刚度矩阵；

a_0、a_1——可按下式确定；

$$\begin{Bmatrix} a_0 \\ a_1 \end{Bmatrix} = \frac{2\xi}{\omega_n + \omega_m} \begin{Bmatrix} \omega_n \omega_m \\ 1 \end{Bmatrix} \tag{3-2}$$

ξ——结构阻尼比，对于混凝土桥梁 $\xi = 0.05$；

ω_n、ω_m——结构振动的第 n 阶和第 m 阶圆频率，一般 ω_n 可取结构的基频，ω_m 取后几阶对结构振动贡献大的模态的频率。

3.3.3、3.3.4 由于简支变连续梁桥在恒载作用下的弯矩与连续梁桥差异较大，特别是负弯矩要远小于相同截面特性的连续梁桥，这就导致了简支变连续梁桥的质量分布与内力分布的不一致。理论上，简支变连续梁桥的自振频率除了与单位长度质量、截面抗弯惯矩、跨径等参数有关外，还应与负弯矩预应力筋形成的主梁纵向连接强度密切相关。因此简支变连续梁的基频应该介于简支梁桥和连续梁桥之间，而不应直接采用连续梁桥的频率计算公式。

因为桥梁结构的动力特性只与成桥之后的状态有关，建模型不用划分施工阶段，只要通过其他措施使之一次成桥的线性静力效果达到实际简支变连续梁桥单片梁的实际效果，这样梁桥的动力特性才是真实的。

3.3.5 在建立一般非规则简支变连续梁桥动力空间模型时应尽量建立全桥计算模型，但对于很长的桥梁，可以选取具有典型结构或特殊地段或有特殊构造的多联梁桥（一般不少于 3 联）进行地震反应分析。这时应考虑邻联结构和边界条件的影响。邻联结构和边界条件的影响可以在所取计算模型的末端再加上一联梁桥或桥台模拟（图 3-2）。

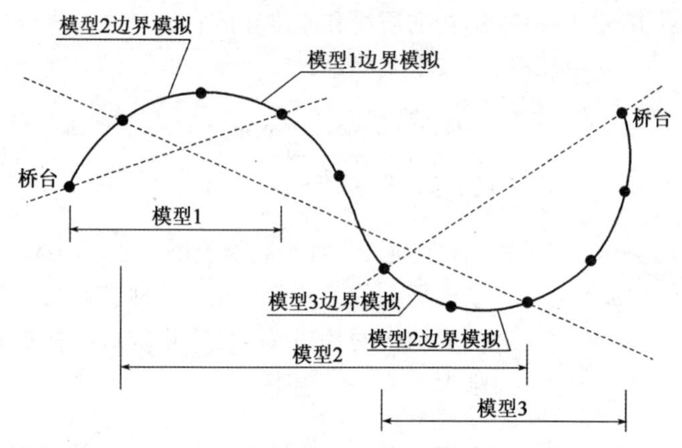

图 3-2 邻联结构和边界条件的模拟

对于具有不规则的几何形状(如包含大量的曲线、斜桥和直线梁桥)的大型桥梁工程,直接利用总体空间计算模型进行时程反应分析非常复杂。为了简化计算,可以分成两步进行结构的地震反应分析:

(1)首先建立总体空间模型,利用总体空间模型进行 E1 地震作用下的反应谱振型分解法分析,确定结构的空间耦联地震反应特性和地震最不利输入方向。总体空间模型应包括立交工程中的所有桥梁结构及其连接方式。

(2)在总体空间模型计算结果的基础上,建立局部计算模型,利用局部模型和确定的地震最不利输入方向进行时程分析。局部模型应考虑邻联结构和边界条件的影响。

3.3.6 规则简支变连续梁桥的地震反应应以一阶振型为主,因此可以采用本手册建议的各种简化计算公式进行分析。

3.3.8 根据抗震设防原则,在 E2 地震作用下,允许结构出现塑性,发生损伤,但要求桥梁上部结构与下部结构之间保持整体工作,避免支座等上部结构与下部结构之间的连接构件发生破坏。即在 E2 地震作用下桥梁可以进入非线性工作范围,因此,只有进行结构非线性时程地震反应分析才能比较真实地模拟结构实际反应。梁柱单元的弹塑性可以采用 Bresier 建议的屈服面来表示(图 3-3),也可采用非线性梁柱纤维单元模拟。

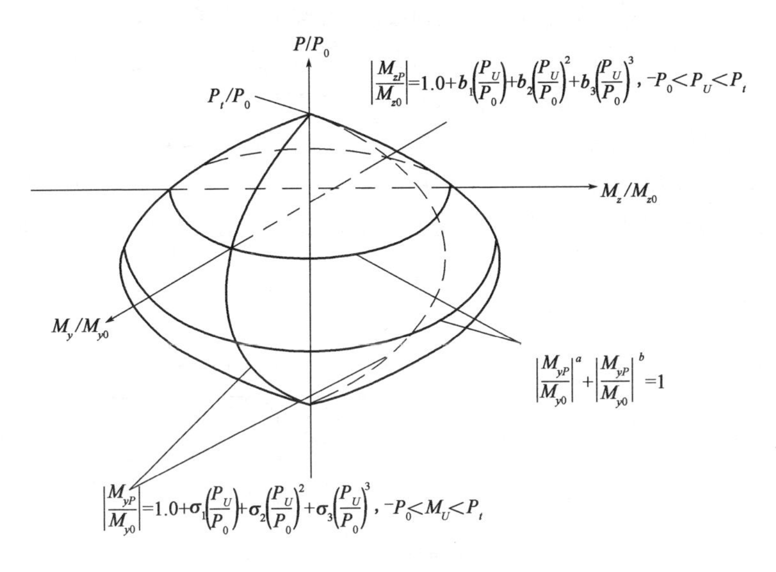

图 3-3　典型钢筋混凝土墩柱截面的屈服面

3.3.9　大量板式橡胶支座的试验结果表明,板式橡胶支座的滞回曲线呈狭长形,可以近似作线性处理。它的剪切刚度尽管随着最大剪应变的变化和频率的变化而变化,但对于特定频率和最大的剪切角而言,可以近似看作常数。因此,可将板式橡胶支座的恢复力模型取为直线型,近似按最大的剪切应变和频率来确定支座的刚度。

活动盆式支座的试验表明,当支座受到的剪力超过其临界滑动摩擦力 $F_{\max}$后,支座开始滑动,其动力滞回曲线可用类似于理想弹塑性材料的滞回曲线代表。

3.3.10　桥梁的下部结构处理通常为桥墩支承在刚性承台上,

承台下采用群桩布置。因此,地震荷载作用下桥墩边界应是弹性约束,而不是刚性固结。精确对桩基边界条件进行模拟要涉及复杂的桩土相互作用问题。但分析表明,对于桥梁结构本身的分析问题,只要对边界作适当的模拟就能得到较满意的结果。考虑桩基边界条件最常用的处理方法是用承台底六个自由度的弹簧刚度模拟桩土相互作用(图3-4),这六个弹簧刚度是竖向刚度、顺桥向和横桥向的抗推刚度、绕竖轴的抗转动刚度和绕两个水平轴的抗转动刚度。它们的计算方法与静力计算相同,所不同的仅是土的抗力取值比静力的大,一般取 $m_{动}=(2\sim3)m_{静}$。

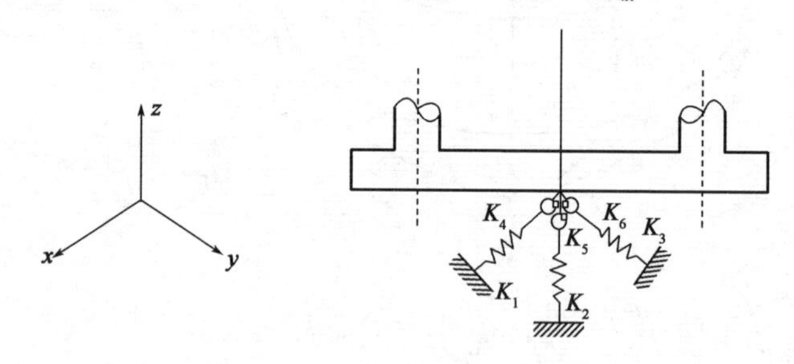

图3-4　考虑桩—图共同作用边界单元

注:K_1、K_2、K_3分别为 x、y、z 方向上的拉压弹簧,K_4、K_5、K_6分别为 x、y、z 方向的转动弹簧。

3.3.11　当桥墩的高度较高时,桥墩的几何非线性效应不能忽略。参考美国 CALTRANS 抗震设计规范,墩柱的计算长度与矩形截面短边尺寸之比大于8时,或墩柱的计算长度与圆形截面直径之比大于7时,应考虑 P-Δ 效应。

3.4　自振频率分析

3.4.1　理论上,简支变连续梁桥的自振频率除了与单位长度质量、截面抗弯惯矩、跨径等参数有关外,还应与负弯矩预应力筋形成的主梁纵向连接强度密切相关。为表述方便,本文定义由负弯矩预应力筋形成的主梁纵向连接强度为 κ。κ 是一个介于0与

1 之间的连续变量，当 $\kappa \to 0^-$ 时，简支变连续梁桥的动力特性接近于简支梁桥，如桥面连续；当 $\kappa \to 1^+$ 时，简支变连续梁桥的动力特性接近于连续梁桥。目前，工程上广泛采用的由负弯矩预应力筋形成的简支变连续梁桥的主梁纵向连接强度 κ 应该是一个介于 0 与 1 之间的数值。结合简支变连续梁桥的受力特点，可以用恒载作用下的中支点负弯矩与相同荷载作用下连续梁的中支点负弯矩之比值的大小来表征主梁纵向连接强度 κ。

3.4.2 可以使用的软件包括 MIDAS、桥梁博士等。

3.5 反应谱法

3.5.1～3.5.3 自 1943 年美国 M. Biot 提出反应谱的概念，以及 1948 年美国 G. W. Housner 提出基于反应谱理论的抗震计算动力法以来，反应谱分析方法在结构抗震领域得到不断完善与发展，并在工程实践中得到广泛应用。可是，由于反应谱仅能给出结构各振型反应的最大值，而丢失了与最大值有关且对振型组合又非常重要的信息，如最大值发生的时间及其正负号，使得各振型最大值的组合陷入困境。因此，对非规则简支变连续梁桥和立交结构即使结构是处于线弹性状态，反应谱法仍不能完全代替时程分析方法。国外大多数桥梁抗震设计规范亦只适用于中等跨径的标准桥梁，且多数抗震设计规范中都指出对于复杂桥梁需要采用时程分析法进行特殊抗震设计。

国内外许多专家学者对反应谱法进行了大量研究，并提出了种种振型组合方法。其中最简单而又最普遍采用的是 SRSS (Square Root of Sum of Squares)法。该法对于频率分离较好的平面结构具有很好的精度，但是对于频率密集的空间结构，由于忽略了各振型间的耦合项，故时常过高或过低地估计结构的反应。1969 年，Rosenblueth 和 Elorduy 提出了 DSC(Double Sum Combination)法来考虑振型间的耦合项影响，之后 Humar 和 Gupta 又对 DSC 法进行了修正与完善。1981 年，E. L. Wilson 等人把地面运动视为一宽带、高斯平稳过程，根据随机过程理论导出了线性多自由度体系的振型组合规则 CQC 法，较好地考虑了频率接近时的振型相关性，克服了 SRSS 法的不足。

3.6 时程分析法

3.6.2 一组时程分析结果只是结构随机响应的一个样本，不能反映结构响应的统计特性，因此，需要对多个样本的分析结果进行统计才能得到可靠的结果。本手册参照美国 AASHTO 规范给出了本规定。

3.7 规则简支变连续梁桥计算

3.7.2、3.7.3 这两条引自《公路工程抗震设计规范》(JTJ 004—89)的有关规定，给出了规则梁桥桥墩顺桥向和横桥向水平地震力的计算公式。下面着重对桥墩结构计算简化图式作些说明。

当应用反应谱理论对桥梁进行抗震分析时，首先要确定结构的计算简图，然后才能通过动力学的分析方法求出结构的基本周期及振型，从而确定其地震力。因此，结构计算简图的确定，对于桥梁抗震验算有着十分重要的意义。众所周知，梁桥的下部构造是与上部构造互相连接的，在微幅振动的情况下，由于活动支座的摩阻力未被克服，上部构造对墩身的振动具有一定的约束作用，从而使桥墩刚度加大、周期变短。但上部构造的重量却又使桥墩周期加大。实测资料表明，在脉动试验或汽车通过等微幅振动情况下，这种上部构造的约束作用比较明显。但是，在强震作用下，桥梁上部构造的约束作用又将如何？由于缺乏大振幅试验的资料和强震观察数据，目前还不十分清楚，这是一个值得进一步研究解决的问题。但从国内几次强震的桥梁震害情况来看，支座均有不同程度的破坏，梁也有较大的纵、横向位移，似乎说明这种约束作用并不很大。日本《道路桥抗震设计规范》计算桥墩地震力时，均按单墩考虑，不考虑上部结构对下部结构的约束作用。

因此,本手册在确定桥墩的结构计算简图时,均按单墩考虑。

(1)柔性墩

本手册在确定柔性桥墩的基本周期和地震作用时,均按单墩模型考虑。其理由如下:一是桥墩所支承的上部构造重量远较墩本身的重量为大,两者比值一般为5∶1~8∶1;二是它们均属柔性结构;三是计算简单,可满足工程上所要求的精度。

(2)多排桩基础上的桥墩及实体墩

由于公路桥梁墩身一般不高,因此在确定地震作用时一般只考虑第一阶振型,而将高阶振型贡献略去不计。考虑到墩身在横桥向和顺桥向的刚度不同,在计算时两个方向分别采用不同的振型。在确定了振型曲线 X_{1i} 之后(一般采用静力挠曲线),就可以应用能量法或代替质量法将墩身各分段重量核算到墩顶上。这样,在确定基本周期时,仍可以简化为单质点处理,避免了多质点体系基本周期计算十分繁杂的缺点。对于多排桩基础上的桥墩也可根据桥墩形式的不同情况,如属柔性墩时,也可按柔性墩处理。实体墩的结构计算简图也可采用自由端等代刚度的悬臂杆,其基本周期简化为单质点体系求得。在确定地震荷载时,将墩身分为若干分段按多质点体系计算。

3.7.4、3.7.5 这两条引自《公路工程抗震设计规范》(JTJ 004—89)的有关规定。鉴于梁式桥所采用橡胶支座形式不同(有板式橡胶支座、盆式支座等),其相应的结构计算与简图也将各异,因此本条文按不同支座情况及结构形式给出了顺桥向地震和横桥向作用的计算方法。

对全联均采用板式橡胶支座的简支变连续梁桥,假定地震随各墩墩顶的振动位移相等,于是全桥可简化为单墩计算。

上部结构对支座顶面的地震作用,则可仅取第一阶振型计算,并按刚度分配到各墩支座,即条文中的式(3.7.4-1)。

桥墩本身由地震引起的地震作用,应分别依桥墩形式按单质点或多质点计算。

3.7.6　国内外大量的理论分析表明：当结构的自振周期大于反应谱的特征周期后，对于规则简支变连续梁桥可采用等位移原理，即对于相同边界条件，地震作用下，按弹性分析与弹塑性分析（非线性分析）得出的位移近似相等。但当结构的自振周期较短时，采用等位移原理得到的位移偏小，可以通过系数修正。同济大学参考国外的研究成果，通过大量的参数分析，给出了相关的修正系数。

3.8　能力保护构件计算

3.8.1、3.8.2　钢筋混凝土构件的剪切破坏属于脆性破坏，是一种危险的破坏模式；对于抗震结构来说，墩柱剪切破坏还会大大降低结构的延性能力。因此，为了保证钢筋混凝土墩柱不发生剪切破坏，应采用能力保护设计原则进行延性墩柱的抗剪设计。根据能力保护设计原则，墩柱的剪切强度应大于墩柱可能在地震中承受的最大剪力（对应于墩柱塑性铰处截面可能达到的最大弯矩承载能力）。因此，进行钢筋混凝土延性墩柱的抗剪验算时，墩柱的纵向和横向剪力设计值 V_{c0} 应根据可能出现塑性铰处按实配钢筋，并采用材料强度标准值和轴压力计算出的弯矩承载能力，考虑超强系数 ϕ^0 来计算。

通过对大量震害和试验结果的观察发现，墩柱的实际抗弯承载能力要大于其设计承载能力，这种现象称为墩柱抗弯超强现象（Overstrength）。引起墩柱抗弯超强的原因很多，但最主要的原因是钢筋在屈服后的极限强度比其屈服强度大许多和钢筋实际屈服强度又比设计强度大很多。如果墩柱塑性铰的抗弯承载能力出现很大的超强，所能承受的地震力超过了能力保护构件，则将导致能力保护构件先失效，预设的塑性铰不能产生，桥梁发生脆性破坏。

为了保证预期出现弯曲塑性铰的构件不发生脆性的破坏模式（如剪切破坏、黏结破坏等），并保证脆性构件和不宜用于耗能的构件（能力保护构件）处于弹性反应范围，在确定它们的弯矩、剪力设计值时,采用墩柱抗弯超强系数 ϕ^0来考虑超强现象。各国规范对 ϕ^0取值的差异较大,对钢筋混凝土结构,欧洲规范(Eurocode 8:Part2,1998 年)中 ϕ^0取值为 1.375,美国 AASHTO 规范(2004 年版)取值为 1.25,而《美国加州抗震设计准则》(2000 年版)ϕ^0取值为 1.2。同济大学结合我国《公路钢筋混凝土及预应力混凝土桥涵设计规范》对超强系的取值也进行了研究,结果表明:当轴压比大于 0.2 时,超强系数随轴压比的增加而增加,当轴压比小于 0.2 时,超强系数在 1.1 ~ 1.3 之间。这里建议 ϕ^0取 1.2。

对于截面尺寸较大的桥墩,在 E2 地震作用下可能不会发生屈服,这样采用能力保护方法计算过于保守,可直接采用 E2 地震作用计算结果。

3.8.3、3.8.4 在双柱墩和多柱墩桥的抗震设计中,钢筋混凝土墩柱作为延性构件产生弹塑性变形耗散地震能量,而盖梁、基础等作为能力保护构件保持弹性。因此,应采用能力保护设计原则进行横梁的设计。根据能力保护设计原则,盖梁的抗弯强度应大于盖梁可能在地震中承受的最大、最小弯矩(对应于墩柱塑性铰处截面可能达到的正、负弯矩承载能力)。进行盖梁验算时,首先要计算出盖梁可能承受的最大、最小弯矩作为设计弯矩(图 3-5),然后进行验算。

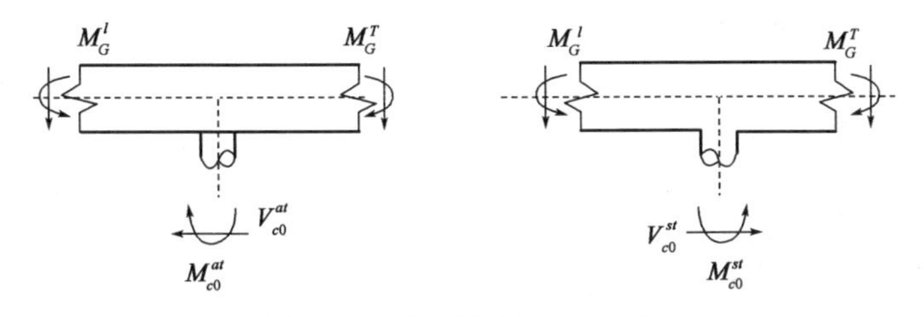

图 3-5 盖梁设计弯矩计算示意图

图中$M_{c0}^{st} = \phi^0 M_{hc}^{st}$,$M_{hc}^{st}$为墩柱顶截面按实配钢筋,采用材料强度标准值和轴压力计算出的正截面抗弯承载力所对应的弯矩值。

3.8.5　由于在地震过程中，如基础发生损伤，难以发现并且维修困难，因此要求采用能力保护设计原则进行基础计算和设计，以保证基础在达到它预期的强度之前，墩柱已超过其弹性反应范围。梁桥基础沿横桥向、顺桥向的弯矩、剪力和轴力设计值应根据墩柱底部可能出现塑性铰处的弯矩承载能力（考虑超强系数ϕ^0）、剪力设计值和相应的墩柱轴力来计算（图3-6），在计算这些设计值时应和自重产生的内力组合。

图3-6中，M_{zc}^x、M_{hc}^x分别为墩柱底截面按实配钢筋，采用材料强度标准值和轴压力计算出沿顺桥向和横桥向的正截面抗弯承载力所对应的弯矩值；V_{c0}、V_{c0}^l分别为墩柱底部塑性铰沿横桥向和顺桥向的剪力设计值；P_{min}、P_{max}为沿横桥向相应墩柱下端截面出现塑性铰时墩柱的最大和最小轴力。

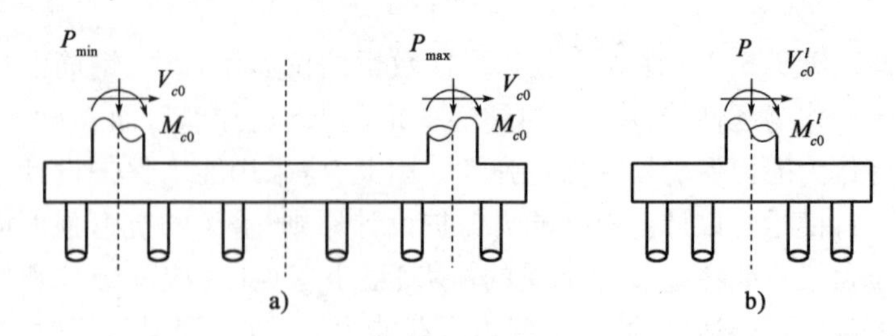

图3-6　基础设计力计算示意图

a）沿横桥向；b）沿顺桥向

注：$M_{c0}=\phi^0 M_{hc}^x$，$M_{c0}^l=\phi^0 M_{zc}^x$。

4　强度与变形验算

4.1　一般规定

4.1.1　本条规定的目的是，为了满足当遭受重现期较短的E1地震作用时，各类桥梁一般不受损坏或不需修复可继续使用；当遭受重现期较长的E2地震作用时，A类桥梁一般不受损坏或不需修复可继续使用，B、C类桥梁应保证不致倒塌或产生严重结构损伤，经加固修复后仍可继续使用的抗震设防目标。

4.1.2 为了使桥梁的延性构件在地震作用下发挥延性，防止结构脆性破坏，盖梁及梁体在地震作用下不应损伤，盖梁、梁体与墩柱的抗剪按能力保护设计原则设计，而桥梁基础一旦发生损伤后很难发现且修复也应按能力保护设计原则设计。这些构件在E2地震作用下应基本不发生损伤。

4.1.3 由于重力式桥墩和桥台一般为混凝土结构，结构尺寸大、无延性，因此可只考虑进行E1地震作用下的抗震设计。D类桥梁是指位于三、四级公路上的抗震次要的桥梁，也只考虑进行E1地震作用下的抗震设计。

4.2 D类桥梁、重力式桥墩和桥台强度验算

4.2.1、4.2.2 由于重力式桥墩和桥台一般为混凝土结构，结构尺寸大、无延性，考虑到与《公路工程抗震设计规范》（JTJ 004—89）相一致，只要求结构在E1地震作用下基本不损伤；D类桥梁是指位于三、四级公路上的抗震次要的桥梁，也只考虑进行E1地震作用下的抗震验算。因此根据抗震设防要求，在E1地震作用下要求结构保持弹性，基本无损伤；E1地震作用效应和自重荷载效应组合后，按现行的公路桥涵设计规范有关规定进行验算。

4.2.3 对于D类桥梁、重力式桥墩和桥台只要求进行E1地震作用下的地震验算，但对于支座如只进行E1地震作用下的验算，可能导致在E2地震作用下支座破坏、造成落梁，因此，对于支座需要考虑E2地震作用下不破坏。但为了简化计算，在进行D类桥梁、重力式桥墩等的支座抗震验算时，虽然只进行E1地震作用下的地震反应分析，但采用一个支座调整系数α_d来考虑E2地震作用效应。通过大量分析，建议取$\alpha_d = 2.3$。

4.3 B类、C类桥梁抗震强度验算

4.3.1 根据两水平抗震设防要求,在E1地震作用下要求结构保持弹性,基本无损伤;E1地震作用效应和自重荷载效应组合后,按现行的公路桥涵设计规范有关偏心受压构件的规定进行验算。

4.3.2 地震作用下,矮墩的主要破坏模式为剪切破坏,为脆性破坏,没有延性。因此E2地震作用效应和永久荷载效应组合后,应按现行的公路桥涵设计规范相应的规定验算桥墩的强度。

4.3.4 地震中大量钢筋混凝土墩柱的剪切破坏表明:在墩柱塑性铰区域由于弯曲延性增加会使混凝土所提供的抗剪强度降低,为此,各国对墩柱塑性铰区域的抗剪强度进行了许多研究。美国ACI-319—89要求在端部塑性铰区域当轴压比小于0.05时,不考虑混凝土的抗剪能力;新西兰规范NZS-3101中规定当轴压比小于0.1时,不考虑混凝土的抗剪能力。而我国《公路工程抗震设计规范》(JTJ 004—89)没有对地震荷载作用下的钢筋混凝土墩柱抗剪设计作出特别的规定,工程设计中缺乏有效的依据,只能套用普通设计中采用的斜截面强度设计公式来进行设计和校核,存在较大缺陷。因此,采用《美国加州抗震设计准则》(2000年版)的抗剪计算公式,但对其混凝土提供抗剪能力计算公式进行了简化,具体如下。

《美国加州抗震设计准则》(2000年版)的抗剪计算公式中塑性铰区域内混凝土提供的名义抗剪应力为:

$$v_c = c_1 c_2 \sqrt{f_c'} \leqslant 0.33\sqrt{f_c'} \quad \text{MPa} \tag{4-1}$$

式中:f_c'——混凝土圆柱体抗压强度;

c_1、c_2——系数,按下式计算:

$$c_1 = 0.025 \leqslant \frac{\rho_s f_{yh}}{12.5} + 0.305 - 0.083\mu_d \leqslant 0.25 \tag{4-2}$$

$$c_2 = 1 + \frac{P_c}{13.8 A_g} \leqslant 1.5 \tag{4-3}$$

μ_d——结构的位移延性。

为了简化计算,保守地取 $c_1 = 0.025$,$c_2 = 1.0$。

4.3.5、4.3.6 桥梁基础、盖梁以及梁体为能力保护构件,墩柱的抗剪按能力保护原则设计。为了保证其抗震安全,要求其在 E2 地震作用下基本不发生损伤,可参照现行公路桥涵设计规范相关规定进行验算。

4.4 B 类、C 类桥梁墩柱的变形验算

4.4.2、4.4.3 假设截面的极限曲率 ϕ_u 和屈服曲率 ϕ_y 在塑性铰范围内均匀分部(图 4-1),塑性铰的长度为 L_p,则塑性铰的极限塑性转角为:

$$\theta_u = (\phi_u - \phi_y) L_p / K \tag{4-4}$$

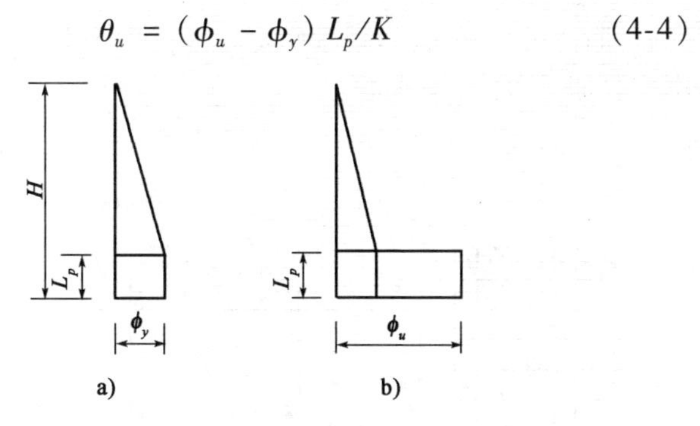

图 4-1 曲率分布模式

a)相应于钢筋屈服;b)相应于极限曲率

等效塑性铰长度 L_p 同塑性变形的发展和极限压应变有很大的关系,由于试验结果离散性很大,目前主要用经验公式来确定。欧洲规范和美国加州抗震设计规范规定取以下两式计算的较小值:

$$L_p = 0.08H + 0.022 f_y d_s \geqslant 0.044 f_y d_s \quad \text{cm} \tag{4-5}$$

$$L_p = \frac{2}{3}b \tag{4-6}$$

4.4.4、4.4.5 钢筋混凝土延性构件的塑性弯曲能力可以根据材料的特性,通过截面的弯矩—曲率($M \sim \varphi$)分析来得到。截面的弯矩—曲率($M \sim \varphi$)关系曲线,可采用条带法(图4-2)计算,其基本假定为:

(1)平截面假定。

(2)剪切应变的影响忽略不计。

(3)钢筋和混凝土之间无滑移现象。

(4)采用前述的钢筋和混凝土的应力—应变关系。

用条带法求弯矩—曲率($M \sim \varphi$)关系时有两种方法,即逐级加荷载法和逐级加变形法。逐级加荷载法的主要问题是每改变一次荷载,截面曲率和应变都要同时改变,而且加载到最大弯矩之后,曲线进入软化段,很难确定相应的曲率和应变,所以一般采用逐级加变形法(图4-2)。

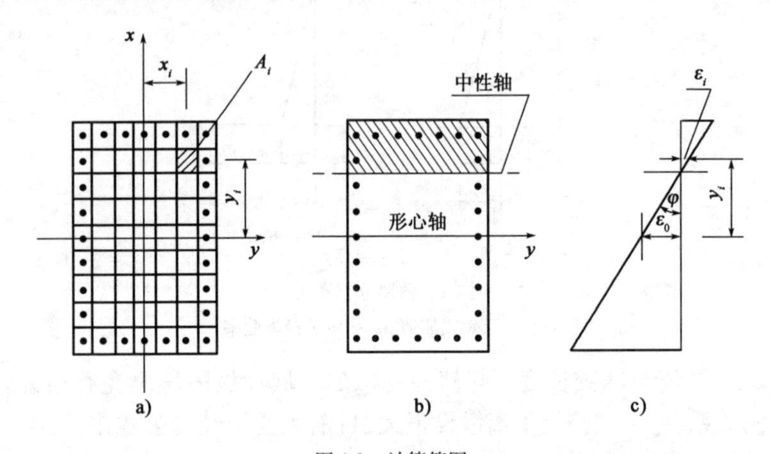

图4-2 计算简图

约束混凝土的极限压应变 ε_{cu},定义为横向约束箍筋开始发生断裂时的混凝土压应变,可由横向约束钢筋达到最大应力时所释放的总应变能与混凝土由于横向钢筋的约束作用而吸收的能量相等的条件进行推导。美国 Mander 给出的混凝土极限压应变的保守估计为:

$$\varepsilon_{cu} = 0.004 + \frac{1.4\rho_s f_{kh}\varepsilon_{su}^R}{f'_{cc}} \tag{4-7}$$

4.4.6~4.4.8 对于规则简支变连续梁桥的单柱墩,由于其响应主要由第一阶振型控制,在 E2 地震作用下,墩顶的容许位移可以根据塑性铰的塑性转动能力,按第 4.4.7 条计算得出,参考美国加州抗震设计规范,可验算墩顶的位移。对于双柱墩横桥向,由于很难根据塑性铰转动能力直接给出计算墩顶容许位移的计算公式,建议采用非线性静力分析方法(Push-over)计算墩顶容许位移。

5 延性构造细节设计

5.1 墩柱结构构造措施

5.1.1 横向钢筋在桥墩柱中的功能主要有以下三个方面:①用于约束塑性铰区域内混凝土,提高混凝土的抗压强度和延性;②提供抗剪能力;③防止纵向钢筋压曲。在处理横向钢筋的细部构造时需特别注意。

由于表层混凝土保护层不受横向钢筋约束,在地震作用下会剥落,这层混凝土不能为横向钢筋提供锚固。因此,所有箍筋都应采用等强度焊接来闭合,或者在端部弯过纵向钢筋到混凝土核心内,角度至少为 135°。

为了防止纵向受压钢筋的屈曲,矩形箍筋和螺旋箍筋的间距不应过大。Priestley 通过分析提出,建议箍筋之间的间距应满足:

$$S_k \leqslant \left[3 + 6\left(\frac{f_u}{f_y}\right)\right] d_{bl} \tag{5-1}$$

式中：f_y、f_u——纵筋向钢筋的屈服强度和强化强度；

d_{bl}——纵筋的直径。

5.1.2 各国抗震设计规范对塑性铰区域横向钢筋的最小配筋率都进行了具体规定。表5-1为美国AASHTO规范、欧洲规范Eurocode 8、《公路工程抗震设计规范》(JTJ 004—89)及《建筑抗震设计规范》(GB 50011—2001)对横向钢筋最小配筋率的具体规定。同济大学通过大量的试验和分析，结合我国的实际情况，对横向钢筋最小配筋率进行了研究，并提出了相应的计算公式：

圆形截面

$$\rho_{s,\min} = [0.14\eta_k + 5.84(\eta_k - 0.1)(\rho_t - 0.01) + 0.028]\frac{f'_c}{f_{yh}} \geqslant 0.004 \tag{5-2}$$

矩形截面

$$\rho_{s,\min} = [0.1\eta_k + 4.17(\eta_k - 0.1)(\rho_t - 0.01) + 0.02]\frac{f'_c}{f_{yh}} \geqslant 0.004 \tag{5-3}$$

式中符号意义见本手册第5.1.2条。

表5-1 各国规范对横向构造的规定

规范名称	螺旋箍筋或圆形箍筋	矩形箍筋
美国AASHTO规范	$\rho_v = 0.45\frac{f'_c}{f_{yh}}\left(\frac{A_g}{A_{he}} - 1\right)$ 或 $\rho_v = 0.12\frac{f'_c}{f_{yh}}$	$\rho_s = 0.3\frac{f'_c}{f_{yh}}\left(\frac{A_g}{A_{he}} - 1\right)$ 或 $\rho_s = 0.12\frac{f'_c}{f_{yh}}$
欧洲规范 Eurocode 8	$\omega_{wd} \geqslant 1.90(0.15 + 0.01\mu_\phi)\cdot\frac{A_g}{A_{hg}}(\eta_k - 0.08)$ 或 $\omega_{wd} \geqslant 0.18$	$\omega_{wd} \geqslant 1.30(0.15 + 0.01\mu_\phi)\cdot\frac{A_g}{A_{hg}}(\eta_k - 0.08)$ 或 $\omega_{wd} \geqslant 0.12$

续表 5-1

规范名称	螺旋箍筋或圆形箍筋	矩 形 箍 筋
《公路工程抗震设计规范》(JTJ 004—89)		顺桥和横桥方向含箍率$\rho_s = 0.3\%$
《建筑抗震设计规范》(GB 50011—2001)	$\rho_v = \lambda_v \frac{f_c'}{f_{yh}}$	$\rho_v = \lambda_v \frac{f_c'}{f_{yh}}$

注:A_g、A_{he}——墩柱横截面的面积和核心混凝土面积(按箍筋外围边长计算);

f_c'——混凝土强度;

f_{yh}——箍筋抗拉强度设计值;

ρ_s——对于矩形截面为截面计算方向的含箍率,对于圆形截面为截面螺旋箍筋的体积配箍率;

λ_v——最小配箍特征值;

ω_{wd}——力学含箍率,$\omega_{wd} = \rho_s f_c' / f_{yh}$;

μ_ϕ——截面曲率延性;

η_k——截面轴压比。

若假定钢筋混凝土墩柱为矩形截面,混凝土的强度等于 C30,箍筋的屈服应力为 240MPa,保护层混凝土厚度与截面尺寸之比为 1/20,则各国规范规定的最小配筋率和轴压比的关系如图 5-1 所示。

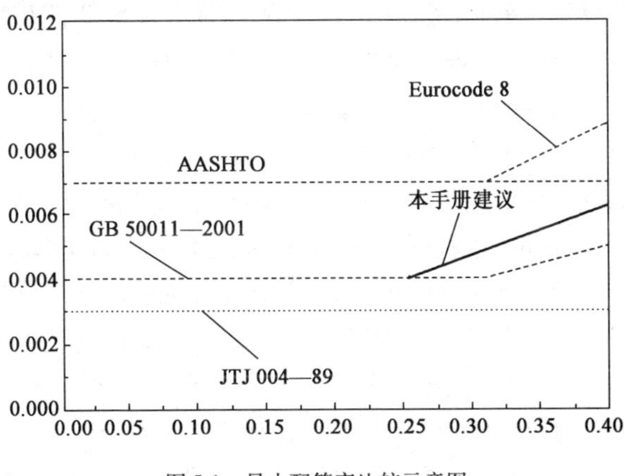

图 5-1 最小配筋率比较示意图

5.1.4、5.1.5 试验研究表明:沿截面布置若干适当分布的纵筋,纵筋和箍筋形成一整体骨架(图 5-2),当混凝土纵向受压、横向膨胀时,纵向钢筋也会受到混凝土的压力,这时箍筋给予纵向钢筋约束作用。因此,为了确保对核心混凝土的约束作用,墩柱的纵向配筋宜对称配筋,纵向钢筋之间的距离不应超过 20cm,至少每隔一根宜用箍筋或拉筋固定。

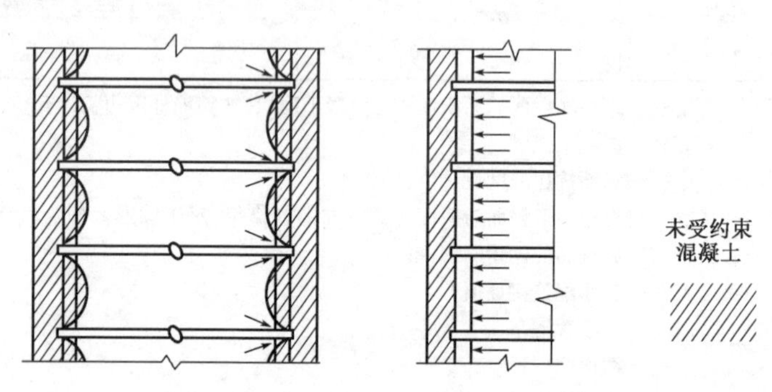

图 5-2 柱中横向和纵向钢筋的约束作用

纵向钢筋对约束混凝土墩柱的延性有较大影响,因此,延性墩柱中纵向钢筋含量不应太低。重庆交通科研设计院所做的大量理论计算和试验研究表明,如果纵向钢筋含量低,即使箍筋含量较低,墩柱也会表现出良好的延性能力,但此时结构在地震作用下对延性的需求也会很大,因此,这种情况对结构抗震也是不利的。但纵向钢筋的含量太高,不利施工,另外,纵向钢筋含量过高还会影响墩柱的延性,所以纵向钢筋的含量应有一上限。各国抗震设计规范都对墩柱纵向最小、最大配筋率进行了规定,其中,美国 AASHTO 规范(2004 年版)建议的纵筋配筋率范围为 0.01 ~ 0.08;我国《建筑抗震设计规范》(GB 50011—2001)建议为 0.004 ~ 0.008;我国《公路工程抗震设计规范》(JTJ 004—89)建议的最小配筋率为 0.004,对最大配筋率没有规定。根据我国桥梁结构的具体情况,本手册建议墩柱纵向钢筋的配筋率范围 0.006 ~ 0.04。

5.1.7 为了保证在地震荷载作用下,纵向钢筋不发生黏结破坏,墩柱的纵筋应尽可能地延伸至盖梁和承台的另一侧面,纵筋的锚固和搭接长度应在按现行公路桥涵设计规范的要求基础上增加 $10d_s$(d_s 为纵筋的直径),不应在塑性铰区域进行纵筋的搭接。

5.1.8、5.1.9 这两条引自《公路工程抗震设计规范》(JTJ 004—89)的有关规定。

5.11、5.12 桥梁下部结构的震害是由于受到较大水平地震力,瞬时反复振动在相对薄弱的截面发生破坏而引起的,它是引起桥梁倒塌的主要原因。其破坏形式,高墩多为弯曲型,表现为混凝土开裂、压溃和主筋弯曲及箍筋松脱等;而粗矮墩由于刚性大,多为折断状态的脆性剪切破坏。提高这类结构的抗震能力不能仅靠提高强度来解决,而应提高其结构的延性,使其承受较大的塑性变形。

高墩尽可能采用钢筋混凝土结构,因为石砌或混凝土预制块砌筑的桥墩,其延性比钢筋混凝土桥墩差,空心截面的桥墩其延性优于实心截面的桥墩;为提高柱式墩纵横向刚度,可适当加大桩、柱直径或采用双排的柱式墩和排架桩墩,桩、柱间设置横系梁等。

桥墩的高度尽可能相近,不同高度的桥墩刚性不同,矮墩因刚度大而最先破坏,不能用增加矮墩的竖向主筋来加强,因为这将导致矮墩更加刚性而更易破坏,也不能减小墩柱截面尺寸来降低刚度,因为这将使墩柱尺寸不一致,而影响外观。解决的办法是将矮墩放置在钢套筒里来调整墩柱的刚度和强度,套筒和立柱之间留一个适当的空隙,以便地震作用下墩柱可以位移,套筒下端的标高同其他桥墩的地面标高,这样使每根桩柱基本在同一高度上。

6 桥梁减隔震设计

6.1 一般规定

6.1.2、6.1.3 在桥梁抗震设计中,引入隔震技术的目的就是利用隔震装置在满足正常使用功能要求的前提下,达到延长结构周期、消耗地震能量、降低结构响应的目的。因此,对于桥梁的隔震设计,最重要的因素就是设计合理、可靠的隔震装置并使其在结构抗震中充分发挥作用,即桥梁结构的大部分耗能、塑性变形应集中于这些装置,允许这些装置在 E2 地震作用下发生大的塑性变形和存在一定的残余位移,而结构其他构件的响应基本为弹性或有限塑性。

但是,隔震技术的应用并不是在任何情况下均适用。对于基础土层不稳定、易于发生液化的场地,下部结构刚度小、桥梁结构本身的基本振动周期比较长,位于场地特征周期比较长、延长周期可能引起地基与桥梁结构共振以及支座中出现较大负反力等情况,不宜采用隔震技术。

现有研究表明,在场地条件比较稳定的情况下,可使用隔震技术。

6.1.4 近年来的震害研究表明,基于单一设防水准、单一设计阶段的抗震设计已不能满足实际结构抗震的需要,因此,本手册采用两水平设防、两阶段设计的抗震设计过程。

当采用隔震技术时,应保证设计的结构抗震性能高于不采用隔震技术的抗震性能。这可通过在相同设防水准下,提高结构的性能目标要求来实现。因此,应对 E1 地震作用和 E2 地震作用分别进行设计和计算。

6.1.5 桥梁减隔震设计是通过延长结构的基本周期,避开地震能量集中的范围,从而降低结构的地震力。但延长结构周期的同时,必然使得结构比较柔,从而可能导致结构在正常使用荷载作用下发生有害振动,因此要求隔震结构应具有一定的刚度和屈服强度,保证在正常使用荷载下(如风、制动力等)结构不发生有害屈服和振动。

同时,采用减隔震设计的桥梁通常结构的变形比不采用减隔震技术的桥梁大,为了确保隔震桥梁在地震作用下的预期性能,在相邻上部结构之间应设置足够的间隙,且必须对伸缩缝装置、相邻梁间限位装置、防落梁装置等进行合理的设计,并对施工质量给予明确规定。

6.1.6 采用减隔震设计的桥梁,在地震作用下应以隔震装置抗震为主,非弹性变形和耗能宜主要集中于这些装置,而其他构件(如桥墩等)的抗震为辅。为了使大部分变形集中于隔震装置,就必须使隔震装置的水平刚度远低于桥墩、桥台、基础等的刚度。因此本手册规定采用隔震设计的桥梁,其隔震周期至少应为非隔震周期的2倍以上。

6.1.7 从桥梁减隔震设计的原理知,减隔震桥梁抗震的主要构件是减隔震装置,而且,在地震中允许这些构件发生损伤。这就要求减隔震装置性能可靠,且震后可对这些构件进行维护。此外,为了确保减隔震装置在地震中能够发挥应有的作用,也必须对其进行定期的检查和维护。

6.2 减隔震装置

6.2.1 采用减隔震技术设计的桥梁是要通过在桥梁中安装必要的装置而达到减隔震的目的。减隔震系统是由减隔震支座、减隔震用伸缩装置、撞落结构和连梁装置三大部分构成的。这三类装置的功能相互关联,不可缺失。

常用的减隔震支座可分为整体式和分离式两类。

6.3 减隔震简支变连续梁桥建模原则与分析方法

6.3.3 反应谱法和功率谱法是线弹性分析方法，方法简洁，在一定条件下，使用反应谱法和功率谱法进行减隔震简支变连续梁桥的分析仍可得到较理想的计算结果，尤其在初步设计阶段，可帮助设计人员迅速把握结构的动力特性和响应值，因此，该方法仍是减隔震桥梁分析中十分重要的分析方法。

但是由于目前大多数减隔震装置的非线性特性，在分析开始时，隔震装置的设计位移是未知的，因而其等效刚度、等效阻尼比也是未知的，所以弹性反应谱分析过程是一迭代过程。正是由于隔震装置的非线性特性及其桥墩非线性特性的相互影响以及隔震桥响应对伸缩装置、挡块等防落梁装置的敏感性等因素，如果需要合理地考虑这些因素的影响时，宜采用非线性动力时程分析方法。因此，本手册要求，在进行抗震性能校核时，宜采用非线性动力时程分析方法进行分析。

6.4 性能要求与抗震验算

6.4.1 隔震简支变连续梁桥的抗震设计，一方面应满足设防水准地震作用下的性能要求；同时，应对发生超过设防水准地震作用下结构可能的破坏形式给予充分考虑，使其破坏方式朝向损失最低的情况发生，且结构的整个反应特性是延性的。这就要求通过使构件具有不同的强度等级，控制结构在地震作用下构件发生屈服的部位和先后顺序，通过设计使构件具有足够的延性变形能力来实现结构预期的屈服顺序和抗震所需的必要变形能力和耗能能力。

6.4.3 由于减隔震装置是减隔震简支变连续梁桥中的重要组成部分，必须具有设计要求的预期性能。因此，本手册要求在实际采用减隔震装置前，必须对减隔震装置的性能和特性进行严格的检测试验。原则上必须由原形测试结果来确认减隔震系统在地震时的性能与设计相符。检测试验包括减隔震装置在动力荷载下、静力荷载下的试验,并依据相关的试验检测规程等进行。

7 抗震措施

7.1 一般规定

7.1.1 由于工程场地可能遭受的地震的不确定性,以及人们对桥梁结构地震破坏机理的认识尚不完备,因此桥梁抗震实际上还不能完全依靠定量的计算方法。实际上,历次大地震的震害表明,一些从震害经验中总结出来或经过基本力学概念启示得到的一些构造措施被证明可以有效地减轻桥梁的震害。如主梁与主梁或主梁与墩之间适当的连接措施可以防止落梁。

但构造措施的使用不能与定量的设计结果相矛盾。简单地说,定量的设计计算是桥梁抗震的最基本部分,这包括本手册引入的延性设计概念和减隔震设计概念。构造措施的使用不能导致上述设计结果的失效。

桥梁结构地震反应越强烈,就越容易发生落梁等严重破坏现象,构造措施就越重要,因此处于高烈度区的桥梁结构需特别重视构造措施的使用。

7.2 6 度区

7.2.1 $a \geqslant 70 + 0.5L$ 是日本新桥梁抗震设计规范的取值。$a \geqslant 50 + L$ 是我国《公路工程抗震设计规范》(JTJ 004—89)的取值,对于40m以下的桥梁,该值明显偏小,因此本手册采用了日本规范的取值。

7.2.2、7.2.3 这两条系参考日本新桥梁抗震设计规范的取值。

7.3 7 度区

7.3.2~7.3.4 《公路工程抗震设计规范》(JTJ 004—89)的

规定。

7.4　8 度区

7.4.2　使用横向和纵向限位装置可以实现桥梁结构的内力反应和位移反应之间的协调。一般来讲,限位装置的间隙小,内力反应增大,而位移反应减小;相反,若限位装置的间隙大,则内力反应减小,但位移反应增大。横向和纵向限位装置的使用应使内力反应和位移反应二者之间达到某种平衡,另外,桥轴方向的限位装置移动能力应与支承部分的相适应。限位装置的设置不得有碍于防落梁构造功能的发挥。

设置限位装置的目的之一是保证在中小地震作用下不因位移过大导致伸缩缝等连接部件发生损坏。

限位装置可使用与图 7-1 类似的结构。

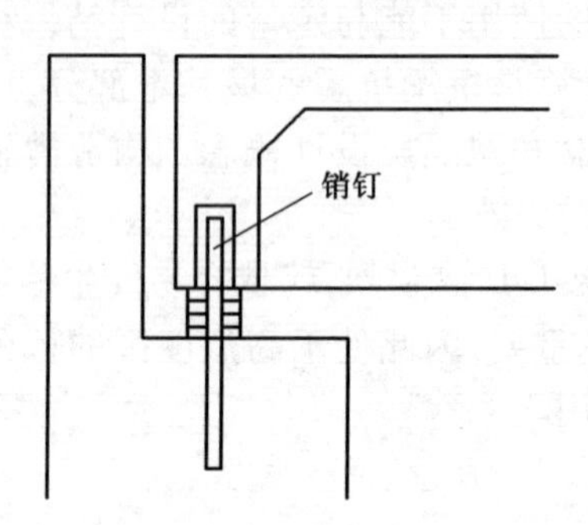

图 7-1　锚杆或销钉式限位装置

7.4.5 ~7.4.11　《公路工程抗震设计规范》(JTJ 004—89)的规定。

7.5　9 度区

7.5.1 ~7.5.5　《公路工程抗震设计规范》(JTJ 004—89)的规定。